シニア・マルチメイジャーのすすめ

21世紀 高齢化への知恵

生存科学叢書

石井威望 著
Takemochi Ishii

The Institute of Seizon and Life Sciences

日本評論社

目次

第2部 21世紀の国土と人材

◆QRコードについて

本書では二カ所（一頁と二六七頁）にQRコードが表示してあります。スマートフォンやタブレットなどでQRコードを読み取れるアプリ（QRコードリーダー）を用いることにより、インターネット上の動画にアクセスすることができます（※QRコード®は株式会社デンソーウェーブの登録商標です）。

序章

二一世紀に、第四次産業革命が主要課題になることは、大方のコンセンサスとして定着してきた。もちろん、その主たる推進力は、科学・技術のイノベーションからもたらされることは明らかである。例えば、次世代通信規格「第五世代（5G）」が、二〇一七年内に概要が固まり、二〇二〇年には実用化される見通しだが、5Gの三大特徴は、最大毎秒二〇ギガビット（第四世代略称4Gの二〇倍）という超高速・大容量、〇・〇〇一秒（4Gの一〇分の一）でほぼ遅れなし、一平方キロメートルあたり一〇〇万（4Gの一〇倍）の多数同時接続である。

そもそも、音声をアナログのまま送信していた自動車電話中心の第一世代（略称1G）に始まり、デジタルデータに変換して通信する規格の第二世代2G（NTTドコモのネット接続サービス「ｉモード」も一九九九年に2Gを使用）を経て、3Gになってついに、米アップル（Apple）社がスマートフォン（スマホと略）「ｉＰｈｏｎｅ」を二〇〇七年に開発、新時代を切り開くことに成

本書の見取り図

功した。二〇一〇年には、NTTドコモが三・九世代の通信サービス「クロッシー」（xi）をLTE（Long Term Evolution の略、携帯電話の通信規格）方式で開始、KDDIとソフトバンク（SoftBank）もLTEサービスを提供し始め、国内三社がiPhoneを発売し出し、3Gの発展型として、二〇一三年以降は4G時代が続いていた。

二〇二〇年以後、5Gによって、あらゆるモノがインターネットにつながる「IoT（Internet of Things）」が普及すると予想される。例えば展示会場のブースから数十キロメートル遠隔のテストコースを走行する自動車を運転するデモが来場者から注目され、一般ユーザーが第四次産業革命の感触を楽しめる昨今である。毎秒二〇ギガビットの5Gの通信速度とは、二時間のハイビジョン映像が、一・五秒でダウンロードできる速度である。つまり、遠隔で超高精細動画映像が活用できる技術水準であり、医療分野への応用も有望である。

5Gのコミュニケーション能力を社会基盤として備えた国土が実現できれば、二一世紀のスコープの拡大とポテンシャル向上のトータルは、二〇世紀とは雲泥の差であり、文字どおり「革命」の名に値する。本書の第六章においては、過去三〇年にわたる人材育成面での「生涯学習体系への移行」が、国土のコミュニケーション強化と並んで、その国土のポテンシャルを有効に活用する多数のユーザーを育成してきた役割を強調している。

さらに、二〇世紀劈頭（一九〇〇年）のプランクの量子仮説登場とメンデルの遺伝法則再発見と対比される、二一世紀後の二一世紀開幕とほぼ同時にヒトゲノム解析成功（二〇〇三年）があり、並んで日本の全人口の減少開始と少子高齢化の鮮明化が始まった。一〇〇歳以上人口の急増と「三周目の人生設計」必要論の浮上までささやかれる時代を迎えつつある。もちろん、まだ問題提起の段階ではあるが、何せ時代の流れは激流と化してきており、何が起こってもおかしくない。二〇一六年の伊勢志摩サミットに集まった各国首脳は、一年たらずで安倍首相以外ほとんどいなくなった。もちろん、舞台裏では着々と大変革の準備がなされていたに違いない。トランプ大統領当選の予測失敗の場合でも、既存のＭＳＭ（Main Stream Media）がことごとく予測を誤ったのも珍しい事例だが、最近の急激なスマホ普及の軽視あるいは意識的な無視が災いしたともいわれている。いずれにせよ、未来はスマホだけは片時も手離さない若い世代の「手中」にあり、テレビ・ラジオ・新聞などのＭＳＭは、すでに主導的影響力を奪われつつあるのかもしれない。

また、二〇一七年春の新人社員あたりから、ＰＣ（パソコン）離れが一段と鮮明になってきて、受け入れ側の企業にインパクトを与え始めている。人手不足が、シェアリング・エコノミー（例えばウーバーなど）の普及に拍車をかけている。安易な外国人受け入れは、長期的にはより深刻なトラブルの原因にもなりかねない。やはり、ＩｏＴ、ＡＩ、ロボット、フィンテックなど、まずは内なる改革先行の、つまり第四次産業革命へ向かうことになる。

芸術やスポーツ分野への広がりも、おそらく予想をはるかに超えてニーズが潜在しているに違いない。追い打ちをかけているのが少子高齢化の影響である。それらに関連して、本章の後半は、温故知新（約二世紀以前へ）の事例をひもとき考察を深めたい。それは、実測日本地図を初めて作った、伊能忠敬（一七四五―一八一八）である。

五〇歳を前に隠居するまでの彼の人生は、酒造や舟運などを営む佐原の商家の当主であった。隠居後は、江戸で天文学や暦学を趣味で学ぶ、いわば二周目の人生を送り始めた。この頃、貨幣経済の浸透により、中小領主たちが、先納金・御用金・領主貸などの手段による貨幣の確保に向かったため、地方商人には負担増になった。現物の米の輸送も貨幣に替わり減少した。金融業における質流れの増加とともに、酒造業や運送業も縮小し、土地の集積が事業の中心になり、その内容もやがて山林までが増えていく。つまり、彼の晩年は不動産や金融の比重が高くなり、一九八〇年代の日本の状況に似てきたのではあるまいか。そうしてバブル崩壊後の失われた二〇年を経たいま、本書が書れている。

彼の地元佐原は、大雨で利根川が決壊し多大の被害に見舞われ、復興のためには測量や地図作成が必要であった。名主として、土地柄そのような経験を重ねていたことが、後年、彼の人生に大きく影響した。すなわち、天変地異、例えば浅間山噴火以降、毎年不作が続き、天明五（一七八五）年、彼は関西方面から大量の米を買い付けた。

これは伊能家の経営危機を招きかねない大胆な決断であったが、天明大飢饉の発生によって、地元佐原の人びとに恩恵を与え、一人の餓死者もなく、余った分の高値売却による利益をもたらし、ハッピーエンドになった。しかし、彼自身にとっては、産業・経済が天候から受ける影響を身に沁みて痛感させられた、〝慄然たる体験〟だったに違いない。その結果、暦と天文学への関心は、隠居後の単なる趣味などという程度ではなく、極めて深刻・切実な肝に銘じるものだったはずである。ちなみに、当時使われていた宝暦暦（宝暦四〔一七五四〕年に制定）は、日食や月食の予報がたびたび外れて評判が悪かった。幕府も改定に取り組もうとしたが、幕府内の天文方には改暦作業ができる人材が存在せず、民間から高橋至時と間重富（いずれも麻田剛立門下）の二人が選ばれた（寛政七〔一七九五〕年）。一七九五年、彼が五〇歳になり、江戸へ転居、深川黒江町に隠居所を構えると同時に、三一歳の高橋至時の弟子になった。改暦作業中の多忙な高橋至時に懇願の末、ようやく入門するほどのこだわりを、なぜ伊能忠敬がもったのか。その理由は、高橋至時には若年にもかかわらず抜群の学識があったからである。

結局、一周目の人生の天才と、二周目の人生を迎えようとしている巨人の弟子（寝食を忘れて、天体観測や測量に自宅改造の最新鋭天文台で没頭し、「推歩先生」のあだ名で呼ばれた）の二つの人生が結びついた師弟の絆から、国宝〝実測日本地図〟が生み出されたのである。

さらに、師匠の高橋至時が創り出した入門新弟子向け教育カリキュラムは、一八世紀当時国際的に眺めても、洋の東西、時の新旧にまたがり、相当高水準な内容であった。新弟子は、まず中国古来の暦法「授時暦」で基礎を学び、次にティコ・ブラーエ（一五四六―一六〇一）などの西洋天文学を取り入れている『暦象考成 上下編』、その次にケプラー（一五七一―一六三〇）の理論を取り入れた『暦象考成 後編』へと順に進めていく組織だった構成であった。伊能忠敬の場合には、入門二年後にはケプラーレベルに到達している。

天体観測の観測技術や観測機器については、間重富（高橋至時の同僚の幕府天文方）から実習指導を受け、機器の購入ができるようになり、江戸職人小野弥五郎・弥三郎親子のサポートも受けられる水準に到達する。その結果、具体的に幕府の天文台にも見劣りしないレベルの天文台建設が可能になった。

しかし、実地の観測技術の向上はなかなか難しく、入門四年目でも師匠からの信頼は完全ではなかった。それでも、金星の南中（子午線通過）の日本初の観測成功の記録を残しているほか、太陽の南中、日食、月食、惑星食、星食や、緯度の測定など多くの観測成功を記録している。

一七九七年、高橋至時と間重富は「寛政暦」を完成させた。この暦をより正確なものにするためには、地球の大きさや、日本各地の正確な経度・緯度が必要になり、研究は続けられていった。その結果、江戸から蝦夷地ぐらいまでの距離を測れば、地球の大きさを正確に計算できることがわかった。

ちょうどその頃、北方からの帝政ロシアの圧力が高まり、ロシア人の択捉島などへの上陸事件が起こり、蝦夷地の正確な地図への要望が高まっていた。その測量事業の担当として伊能忠敬が寛政一二（一八〇〇）年、幕府から正式に任命された。

米国のハッブル天文台が有名であるが、ハッブル（一八八九―一九五三）も元は経済界の成功者で、引退後自前の天文台を建設し、ハッブルの法則を発見（一九二九年）して後世に名を残し、今日ではハッブル宇宙望遠鏡が宇宙科学で活躍している。ハッブル天文台より一世紀以上前に、伊能忠敬が自宅を天文台（それも幕府天文台に匹敵するレベルで）に改造していたのは驚きである。この自宅改造の効果は、極めて大きく、日常生活に溶け込んだ技術面での熟練度上昇とその維持が可能になったと考えられる。おそらく、このようなチーム成立の成功なくしては、長期間にわたり精度の高い観測作業を、遠路〝モバイル状態〟で維持できなかったであろう。

さらに、師匠高橋至時の理論面からのリードやチェックと、学界情報などの供給が共存していたことが、伊能チームにとって極めて有効であったと考えられる。例えば、緯度一度あたりの子午長の数値について、伊能忠敬チームは二八・二里と観測し、これは高橋至時の予想値と久しく合致しなかったが、洋書『ラランデ暦書』（一七七三年から一七八〇年にかけて出版）に二八・二里に非常に近い値が発表されて、いっきょに解決された。両者のわだかまりがなくなり喜びあったが、その三カ月後に高橋至時が死去した。

平成二二（二〇一〇）年、「我が国の測量史・地図史上における極めて高い学術的価値を有する」として、「伊能忠敬関係資料」の名称で、伊能忠敬作成の地図・使用測量機器・関係文章等二三四五点が国宝に指定されて、永く後世に伝えられようとしている。

二周目の人生設計において、伊能忠敬の事例は一周目の人生設計と相互依存しながら、驚異的な成功を収めた場合であるが、あまりにも飛び抜けていて一般的には参考にならないかもしれない。しかし、このような極端な例から、部分的にでも学ぶところは少なくないはずであり、あえてやや詳しく紹介した次第である。しかし逆に、上述した例えば5Gのように、桁違いな技術革新の影響を受けて、予想しなかったような展開が起こる可能性は案外大きいかもしれない。すでに、スマホにおいては、それに近い、予想もしなかったような、第四次産業革命が起こり出している。それが、まさに二一世紀であって、二〇世紀までの常識をひとまず離れて、自由な心理状況で考えてみる必要があろう。

伊能忠敬―高橋至時に見られる、一周目と二周目のパラレル人生モデルの相互依存関係が大成功を収めたことは、歴史上周知であるが、二一世紀の第四次産業革命を考える場合、大変示唆に富んでいる。すなわち、最新鋭の理論武装（高橋至時担当）の強固な基礎構築の上に、自宅改造天文台に配備された当時の国内トップレベル（幕府天文台並み）の機材の革新性を獲得していた看過できない事実である。二一世紀現在、未来へ向けて有望な戦略的意義をもつ機材としては、何が有力候補か。筆者がその進歩を期待しつつ、現在予備的調査研究としてテストを継続しているのは、全天周映像の取得（カメラ）と、球面表示面への映像の投射（プロジェクション）という、入出力両面の二つのイノベーションの組み合わせである。これが、前述の5Gとドッキングできれば、第四次産業革命の実現に際して、機材面からの重要な貢献の一つになるはずであり、スマホの普及に続く、重要な世界観の転換を触発する可能性があるのではなかろうか。

極言すれば、「地図から地球儀へ」にほかならない。例えば、紙や印刷術という機材（宇宙のほんの一部分である微分的矩形や直方体で近似した表現手段）が実用化し普及した結果、地図や地図帳に取り囲まれた生活を続けてきた人類は、最近まで、地球儀的表現から疎遠になり、壁ができていた。この壁を破って、本来（近似的表現ではない）のヒューマン・インターフェイスのレベルアップ（ルネッサンス）を誘発し、第四次産業革命の新しい有望な機材として取り上げてみてはどうか。地図の先覚、伊能忠敬がどのような反応を見せるかも知りたいが、宇宙開発が本格化する二一世紀の二代目・三代目「伊能忠敬」がどのようにこれを使いこなすのか、興味が尽きない。

第1部

21世紀の見取り図

第1章

新時代を飛躍せよ
——積極的な「共生」観の登場

1　はじめに——新しい「共生」観について

「共生」という言葉は、通常「異種」の生物が共通の生存環境の中で、相互依存する生存様態を意味している。例えば、細胞内小器官「ミトコンドリア」の場合、二〇年ほど昔の高等学校教科書には、次のような簡単な説明（添付されている模式図等は四〇年前に作成の古いことが多い）が付けられている。すなわち、

〝すべての真核細胞に含まれており、呼吸などの生活活動に必要なエネルギー源（ＡＴＰ）を生産している。二重の生体膜に包まれ、細胞内で分裂によって増える。〟

ここには、まったく「共生」というキーワードは見当たらない。その理由は、最近までのミトコンドリアに対する関心が、エネルギー面からが中心であり、「生命の発電所」とみなされていたからだ。一方、「ミトコンドリア・イヴ」という言葉を耳にした読者もおられるはずである。ヒトのすべての個体において、母方の系統だけを遺伝的にさかのぼっていくと、現生の全人類に共通する祖先として、一人の女性「イヴ」(通称)にたどりつく。このすべての母の母たる〝ミトコンドリア・イヴ〟(通称)は、一七万年前アフリカに住んでいたと考えられる。実は、どのミトコンドリアにもそれ自身のわずかな遺伝子セット「ミトコンドリア遺伝子」(後述)が保持されており、卵細胞内のものだけが使われ次の世代へと渡されていくという特徴があるから、母系の先祖をたどっていけるのである。祖先であることがわかるばかりでなく、祖先でないことも明らかにできる。例えば、ネアンデルタール人は現代のホモ・サピエンスとは交雑しておらず、ヨーロッパの周辺部で絶滅に追い込まれてしまったことが判明したのも、ミトコンドリア遺伝子解析の結果からであった。細胞のコントロールセンターである細胞核の中にある遺伝子セットの数は二個であるのに対して、普通各細胞にはミトコンドリアが数百あり、一個のミトコンドリアにはミトコンドリア遺伝子セットが五ないし一〇個含まれているから、一個の細胞あたりミトコンドリア遺伝子セットの数は何千にのぼる。これがミトコンドリア遺伝子解析の有利な点である。

そもそも地球上のあらゆる生物は、最近では古細菌、バクテリア（真正細菌）、真核生物（人類を含めた動物、植物、酵母、単細胞のトリパノゾーマや粘菌等の原生動物が含まれる）の三種類に分類される。なぜ三分類ができたかの経緯については後述する。最近の通説としては、一六億年前、古細菌にα－プロテオバクテリアというバクテリアが細胞内共生して、真核生物が誕生したと考えられている。しかし、これは従来の「共生」という言葉がもっていたイメージとは異なり、単にバクテリアの遺伝子が宿主に寄生しただけのレベルを超えて、自分の殻を破って古細菌の遺伝子と融合したのである。このようなプロセスを経て共生したバクテリアが細胞内小器官に変化して、ミトコンドリアになったと多くの研究者に理解されるに至った。ミトコンドリアの祖先がもっていたDNA（デオキシリボ核酸）の大部分は細胞核へ移動して、古細菌の先祖由来のDNAと融合したが、ごく一部はミトコンドリアの中に留まった。これが前述した現在のミトコンドリアDNAにほかならない。

「ミトコンドリア」の発見は一八九〇年（命名は一八九八年）にまでさかのぼることができるが、一九七〇年代に至り、リン・マーギュリス（一九三八―二〇一一）によって、「細胞核とは異なるDNAをもち、細胞の分裂周期とは別に独自の分裂増殖を行うことから、ミトコンドリアは太古に細胞内に入り込んで〝共生〟した別の生物の痕跡である」という「細胞内共生説」が提唱されたのである。

要するに、従来からの「宿主」対「寄生者」モデルを、ミトコンドリアの「細胞内共生」に単純に当てはめることはかなり無理だったからである。発表当初のマーギュリス説オリジナルよりも、その後の新しい研究成果が加えられた、最近の「共生」観は、より積極的で密接な「新しい共生」の生存様態を描き出している。むしろ、キメラ、あるいはモザイクと呼ぶ方が適切ではないかとの意見も聞く。さらに今のヒト遺伝子は、過去の多種多様な生物のゲノムが寄り集まってできたモザイクではないかという、生物進化の本質につながる「共生」観も広がっている。本章で「共生」というキーワードを使う場合にも、このような最近の動向には十分留意したい。

また、上記の生物の三分類については、次節で少し詳しく述べる。

2 「共生」する異種とは何か

前節の冒頭に述べた「共生」する〝「異種」の生物〟とは何かという問題を、この節では集中的に取り上げたい。これは、結局生物学における〝分類〟の歴史的変遷問題に帰着する。しかし、おそらく多くの読者にとって「分類学」という用語の第一印象は、あまりにも古典的な（陽の当たらない）専門分野で、最新の先端的研究分野とは縁遠く「何を今さら」という辟易の感を抱く場合も少なくないのではなかろうか。そもそも、分類とは自然に存在する事物に名前をつける作業（命名法）である。たしかに、アリストテレスからリンネを経て今日に至るまで、生物分類学の歴史は諸学の中でも最長の一つではあるまいか。いうまでもなく、多様な生物界の全貌を知り尽くすという遠大な目標への、不可欠な第一歩であると認識され十分な敬意が払われてきた。

二〇世紀中頃までは専門分類学者の直感に準拠するのが常識であり、その分類の結果はゆるぎない基礎知識として信用されていたが、二一世紀の開幕と同時に、生物学における圧倒的なゲノム関連分野の研究実績（例えばヒトゲノムの全解読成功など）が認められて以来、状況は一変した。その結果、生物学的現象が遺伝子解析に基づく「ゲノタイプ」と、その発現である「フェノタイプ」の両面から認識されるに至り、いわゆる科学的分類と直感的分類の乖離が生じ、分類学者の間に強い抵抗と相互批判が顕在化してくる一方、もはやあらゆる学問分野において、強力な説得力をもつゲノムのデータを排除した研究自体が事実上成立不可能な状況になった。要するに、歴史的に先行し十分な実績を重ねてきた二〇世紀までの生物分類学ではあるが、それだけに頼っていては、今後満足な生物進化の系統樹を描くことができなくなる不安が高まり、分類学の新しいパラダイムへのシフトが不可避であると考えられるようになった。

その歴史的な第一歩が、一九七六年イリノイ大学で細菌進化系統樹を「メタン菌」の類縁関係を手がかりとして作成しようとしていた、カール・ウーズ（一九二八—二〇一二）という研究者によって踏み出された。その頃、サンショウウオ、エビ、サメ、ヘビ、チョウ、カなどでは、隠蔽種（cryptic species、人間の感覚からは隠されているが実在する〝異種〟）の事例があるとわかっていたが、一つの界（Kingdom）がまるごと隠蔽されているとはまったく予想外であった。ウーズは、メタン細菌のＤＮＡから転写されたＲＮＡ（リボ核酸）の塩基配列が、他のいかなる細菌ともまったく異なっており、同じ分類カテゴリーに入れておけないことを発見した。外見上つまりフェノタイプでは、細菌であったが、ＲＮＡつまりゲノタイプは似ても似つかないほど原始的なゲノタイプだったので、古細菌（Archaebacteria）と命名し、一つの界として細菌界に並べて付け加えた。ウーズの結論は、界よりさらに大きい包括的なドメイン（Domain）という生物群を導入して、上記の三分類を古細菌ドメイン、真正細菌（Bacteria、バクテリア）ドメイン、真核生物（Eukaryotes）ドメインとして明確に整理した新体系を提案することであった。当初、強く反発されたこの提案も、現在では生物学の主流をなす原理の一つとして支持を集めている。その背後に潜む深遠な論点は、「実在は知覚できる」（ジョージ・バークリー司教の宣言として伝わる）というヒトの感覚の絶対視からの離脱にほかならない。ＤＮＡやタンパク質のような分子データへ、生物の形態論中心すなわちフェノタイプから、生物進化の実在を決定する主導権がゲノタイプへ移ってしまった実例を示したことである。

さらに、このようなドメインレベルへの原理的なシフト、いわゆるパラダイムシフトの根底にあるのは何か。それは一九五三年以来、遺伝情報がもたらした決定的な影響、つまりゲノタイプ思考中心の確立にほかならない。フェノタイプのみに依存せざるをえなかったリンネ分類学の時代が過ぎ去り、それ以前に存在しなかった強力なゲノタイプ支援を受ける二一世紀型分類学の時代が到来した。

その時代背景を踏まえた上で、「種（Species）とは、その中で交配できる野生の個体群で、他の種との間で子をもつことはできない」（マイアによる定義、一九四二年）とすれば二つの個体群は遺伝子の交換ができなくなる結果として、別々の進化の道を進んでいくようになり、結局別々の種になる。つまり、大筋で進化の系統樹における、「分岐」（Clad、ギリシャ語のKladosが語源）という生存様態を認知することになる。しかし、ダーウィン進化論以来の考え方として、分岐後も、フェノタイプに顕在化しないゲノタイプにおける突然変異の続行と、適者生存というフェノタイプでの自然淘汰は続行され蓄積されていく。つまりダーウィン進化論シナリオどおりに分岐後の実態は進んでいくことになる。さらに生存環境の変化が活発になったならば、なおさら適応能力強化も要求されることになろう。

しかし、分岐よりもはるかにドラスティックな進化現象が起こるのは、次節に述べる進化系統樹における合流、とくに細胞内共生である。

3 ミトコンドリアの「細胞内共生説」への評価と反論

たしかに、「共生」という言葉は、最近の自然科学とくに生物学において、実験的な裏づけをもって定着してきた。その歴史をたどってみると、マーギュリスが彼女の生涯をかけたテーマ「ミトコンドリア共生」が、「共生」の語意を変えるほどの影響を与えていることに気づく。その先駆けとして、ロシアの生物学者コンスタンチン・メレシコフスキー（一八五五―一九二一）が描いた生命の系統樹（一九〇五年発表）が再評価されている。そこには、生物進化の系統樹の中で、普通の枝分れをするもの以外に、逆に枝が融合し、生命の新たなまとまりを作り出す、まがうことなき「共生」の誕生が明示されていた。

ついに、ミトコンドリア共生なくしては、細菌は自然選択だけで真核生物にまで進化できなかったはずだと考えられるに至った。ミトコンドリアと同様、葉緑体も起源は「シアノバクテリア」という細菌（唯一光合成が可能な種類）であり、今なお自身の遺伝子をもち、宿主である真核細胞のためにエネルギー生成を行っている。要するに、真核細胞にまで進化した生命は、ミトコンドリアや葉緑体の「共生」なくしては成り立たないこと、つまり、メレシコフスキーの系統樹によって描かれた筋書きどおりの進化をしているといっても過言ではない。

もちろん、利己的遺伝子（selfish gene、リチャード・ドーキンス提唱）の立場から眺めると、「共生」には利他的な行動も含まれるわけであるから、当然相容れない関係になると予想される。その点について、実はドーキンス自身が自著『虹の解体』（福岡伸一訳、早川書房、二〇〇一年）の中で、読者に対して次のような注意を喚起しているのである。その要旨は、遺伝子の視点に立ち返って（ドーキンスの立場から）みれば、普遍的に「共生」の現象、例えばミトコンドリアの遺伝子と同様のやり方は、「通常の」細胞核の中で遺伝子すべてに当てはまると解釈することもできる。しかし彼は、そのような共生は副次的な結果にすぎないと考える。つまり遺伝子のレベルでは、すべてが利己的であるが、その遺伝子の利己的な目的はさまざまなレベルにおける「協力」によって達せられているからであると述べている。一方「共生の支持者」マーギュリスならば、ここぞとばかり「共生」こそ「副次的などではない」最重要事項だと力説するかもしれないが、むしろ両者の主張はある意味では視る方向は逆でも実態としては表裏一体であり、共存・共生している実在とみなしうるのではなかろうか。

4　メレシコフスキーの生物進化系統樹と「共生」観

枝分かれ以外に、枝の融合をも含む生物進化の系統樹が一九〇五年メレシコフスキーによって最初に提案された。そもそも、枝分かれ（分岐、類似形式として分裂）は、枝の融合（合流）と「対」になった時、はじめて一般的な「ネットワークのシステムデザイン技術」が適用できる条件が整い、その結果生物進化系統樹が飛躍的に高度化するに至った。つまり、メレシコフスキーが果たした役割は、ダーウィン進化論以来の生物進化の古典的系統樹の〝分岐だけで融合がない〟一方向だけの流れしかなかった特殊なシステムモデルに対して、真核生物の起源である細胞内共生という、流れを「逆転」させるルートを加えることによって、分岐と融合の両方を含む「フロー・ネットワーク」モデルへの拡張と、問題設定自体の普遍化に成功したことである。この〝共生を起爆剤〟とした「メレシコフスキー逆転」によってもたらされた最も重要な点は、「進化系統樹のネットワーク化」という決定的な構造変化である。これは、生物学に限らず科学全般にまで原理的な衝撃を与え、その波及効果は極めて大きい。ちなみに近年、システム工学の分野では、「ネットワークと流れ」の関係についての研究実績は着実に蓄積されており、その応用も広範な分野への拡大が期待されている。それに関連して、生物学分野での歴史的な前例としては、血管系という人体における物質輸送の典型的ネットワークがあげられる。ウィリアム・ハーヴェイ（一五七八―一六五七）著『心臓と血液の運動について』（*De Motu Cordis et Sanguinis*）は、一六二八年オランダで出版された七二ページの書物であったが、彼自身はイギリスの医者であり、自らの動物実験の結果を体系化する際、一六〇三年静脈の逆流防止弁を発見したイタリアの医者ファブリキウスのもとで学んでいたこともあって、分岐中心の動脈系と、合流中心の静脈を共生させ統一した、血液循環の体系を公表したのである。しかし、この近代生理学の口火を切った名著も、出版直後は同僚の医者仲間からは、激しい批判を浴びせられた。批判を受けた最大の問題点は、動脈から静脈へ血が流れることを視認できなかったからであった。ハーヴェイの死後三年、一六六〇年にようやく、顕微鏡を科学研究分野へ応用した先駆的研究者マルピーギ（一六二八—一六九四、イタリアの生理学者）によって、その争点は顕微鏡的に確認され、彼が毛細血管（capillary、毛髪を意味するラテン語に由来）と命名して、決着をみた。

残る大問題は、血管系ネットワークを流れる血液の側にあった。オランダの博物学者スワンメルダム（一六三七—一六八〇、約三〇〇〇種類の昆虫を収集し顕微鏡で観察した）は、近代昆虫学の開祖とされる一方、ハーヴェイの没後一年経った一六五八年、「赤血球」発見という大業績をあげている。血液の液体部分に溶存する各種物質（栄養素、老廃物などの化合物）はもちろん、赤血球、白血球などの各種細胞が、血液循環の原理に従って〝連続的〟に血管系ネットワーク内を巡回運動（ハーヴェイが著作の表題にしたMotu）しているという現行のモデルの原型が、ようやく基礎づけられたのである。ちなみに、血液循環においては循環運動をしている連続的媒質（血漿と呼称される液体部分）および不連続的粒子である各種血球が、物質的構成要素であるから、連続と不連続の二特性が共存し、循環という生理機能として見れば、さらに生きた血管構成諸細胞

（例えば内皮細胞や血圧調節系など）と「共生」する結果になっている。したがって、血液は巨視的な解剖・生理学的生存様態においては「流体状に進化した生体臓器の一種」にほかならないとも考えられる。

5 「体内にある海」から「共生」宇宙観に至るまで

太陽系が四六億年以上前に誕生し、少なくとも四一億年前までには、生物にとって不可欠な液体状の水が地球上に存在したことは、ジルコン（ジルコニウム元素の珪酸塩鉱物で、事実上極端な環境条件でも破壊不可能。ウランやトリウムをごく微量含むため、放射年代測定に利用される）がジャックヒルズ（西オーストラリア州の砂漠の真ん中に位置し、数十億年くらい前からの化石がある）で発見され、その結晶体が形成されたとき液体状の水との相互作用があった証拠（含まれる酸素のさまざまな同位体から）が確認された。

人類初の宇宙飛行士となったガガーリンが、人工衛星の窓からの眺めを「地球は青かった」という有名な言葉で表現したのも、地球が宇宙では例外的に液体状の水が豊富な「青い惑星」だからである。ニール・シュービンは、自著『あなたのなかの宇宙』（吉田三知世訳、早川書房、二〇一四年）の中で、「それ（上記のジルコンの紹介に続いて）とは別に、私たちの内側にも海がある」と述べている。七〇年近くも前（筆者の学生時代）から、血液は「太古の海の成分」に似ているという話を聞いたような気がする。たしかに、「血潮」という言葉もあるし、感覚的には抵抗感がなかった。しかしシュービンは、今改めて科学的裏づけを示しながら確信をもって説いている。要するに、「私たちの体の中に宇宙全史が収められている」という結論を、解剖学、地質学、古生物学、遺伝学そして宇宙科学まで〝最先端の知識を統合〟して、詳細に解き明かしていくのである。

そもそも、人体の含有水分量の割合（重量比）は、新生児で約七五パーセント（％）、年齢とともに水分を失って、成人の場合には体重の約五七％になってしまう。もちろん、血液以外に筋肉、脳、心臓の細胞にも水分が存在し、体内のほぼすべての化学反応が水溶液の中で行われている。その理由は、水分子そのものの分子構造が、酸素のある位置が負に帯電し、水素のある位置が正に帯電して、全体として分極しており、多くの物質を溶かしうる理想的な溶媒（solvent）だからである。その結果、塩、タンパク質、アミノ酸など多種の化合物が水溶化して反応し合えるので、生命を支える化学反応の母体としては最適である。また、体内に安定した水環境を維持できれば、もはや予測しがたい変化をする体外の水に依存する必要がなくなり、陸上を移動しても自立・安定した代謝を継続できるので〝非生物的な物質だけの世界〟での確固たる「共生」の成立基盤ができたことになる。

シュービンのさらなる指摘は、宇宙ビックバンの後、最初にできた水素原子核と、恒星内部の核融合反応で生成された酸素原子核とが二対一で結びつき水分子になった経過から、原子核レベルでは大宇宙の創成につながっている。つまり、水分子そのものが太陽系と深く結びついていると強調している。地球の海水の化学組成（とくに水素原子の同位体の含有比率分布）の特徴を、彗星や小惑星などに含まれる氷と比較して解明しようという努力も重ねられている。例えば一九九七年に地球に接近してきたヘール＝ボップ彗星の氷に含まれる水や、二〇一一年ハートレー第二彗星の水の、水素同位体の存在比などが詳しく比較研究されている。要するに、水を宇宙科学と関連づけることによって、水を介した「人体の中に在る宇宙」を前提に新しい「共生」を考えることができるようになった。

ヒトの進化史上で、初めの二七億年は完全に水中での進化であった。これに対して、現在からさかのぼる三億年は、水から離れて乾燥した陸上生活への進化の歴史である。例えば腎臓は体内の水と塩分のバランスを取る陸上生活に必須の機能を、血液循環システムと結合して、発揮できるように進化して現在に至った臓器にほかならない。胎児は現在でも、子宮の中にいる間に、最初の三カ月で三段階の変化をしていく。第一段階は、無顎類に近い極めて原始的構造であり、第二段階では、硬骨魚類に近いものであり、第三段階に至って、ようやく現在の成人の腎臓が現れ、前の二段階に取って代わる。いわゆる、「個体発生は系統発生を繰り返す」典型例である。

ちなみに、今日、人工透析だけで何年にもわたって長期生存している患者が全国で何万人にも達している。人工透析の場合は、「体内の海である」血管系のネットワークの中を、海水に相当する血液が循環しているという、いわゆる「閉鎖循環型」の世界から、体外の人工透析装置へチューブという「運河」を介してつながる仕組みになっている。体外循環をする血液の運動は、本来の血管系からの「出血」現象にほかならないが、積極的に「瀉血（しゃけつ）」を有力な治療方法と考えた近代医学以前の時代もあったことを想起すれば、臨床的感覚では歴史的にかなり連続性をもつ医療行為として受け取られたのかもしれない。一方、体外循環血液は、透析作用により体外への排出物質（例えば尿素など）を除去された後、再び体内の海へ還されるが、その際の臨床的処置としては、静脈注射や点滴（輸液や輸血）という日常的な、むしろ伝統的医療手段が使われている。さらに、人工透析装置のかわりに、他の個体からの腎臓移植を行なう治療法も、今日完全に実用化している。

かつて、カール・リンネ（一七〇七―一七七八）が分類した三つの界、植物界・動物界・鉱物界を使って考えれば人工透析装置は鉱物界へ、腎臓移植は動物界へそれぞれ分類されるであろう。しかし、人工透析装置の場合でも、装置の開発・製作・運用・保守など、いかにロボット化が進んでも人的要素つまり動物界への依存は不可欠である。人体の外側に在る宇宙には、生物とくに人が含まれている点を見落としてはならない。宇宙科学においても、もう一つの地球つまり居住可能（habitable）な天体の候補が続々とあがってきており、その発見の日も遠くないとの期待感もたかまっている。要するに、地動説登場の場合と同様な、地球観の絶対化から相対化へというコペルニクス的転換が分類学においても進行している。

上述したように、血液は「液体状に進化した生体臓器」であるとの観点に立てば、輸血は臓器移植にほかならない。ミトコンドリアの細胞内共生の場合と比較すれば、他の個体からの生きた腎臓が外科手術によってある患者の体内の海へ取り込まれるのは、共生の拡張形態の一種とみなしうる。さらに人工透析の場合も、治療中だけに限定して考えれば、腎臓移植と同様に「共生」の概念を〝鉱物界にまで拡張〟して適用できる。

しかし、輸血の場合には血液型が一定の組み合わせでなければ成功しないという条件がある。一般に臓器移植では、臓器組織の型があって、それと移植を受ける側との間に移植可能な組み合わせ条件が満足されなければ成功しない。しかも、その型はメンデルの法則のような、一定の遺伝的な特性をもっている。結局、ゲノム解析という物質の分子構造分析に帰着する。

6　メンデレーエフ元素周期表からDNAを経た「共生」観の飛躍

しばしば二〇世紀は、「物理学の世紀」であったといわれる。二一世紀は、生命科学が中心の新しい科学史のページが始まると期待する声が、二〇世紀中葉には物理学者の側からもあがっていた。一九五三年のＤＮＡ分子構造の発見は、物理学者と生物学者の「共生」的研究活動の結果として達成された。医学部（一九五四年卒）と工学部（一九五七年卒）の両学部教育を受けた筆者にとって、ＤＮＡ分子構造解明はとりわけ感動的であった。さらに幸いにも、コンピュータの創成期を大学院学生時代に現場で体験できた。つまり、ＤＮＡ分子の二重らせん構造の中に四種類のアミノ酸塩基（略称Ａ、Ｇ、Ｃ、Ｔ）の組み合わせの長い配列で、遺伝情報（ゲノム）が書き込まれているという、「化学物質化された情報量の実在」が確証されて、生命科学の世界がチューリング・マシン的理論体系で精緻に扱える世界へとパラダイム・チェンジを起こし、二一世紀の飛躍が約束された。この輝かしい未来へ強力に挑戦するための準備として、まず非生物の物質レベルの世界においても、化学的法則性が存在していることが確かめられなければならない。それは、ロシアの化学者ドミトリー・イバノビッチ・メンデレーエフ（一八三四―一九〇七）によって、「元素の周期表」として、一八六九年に発表された。要するに、このような法則性の発見こそ、二〇世紀になって「シャノンの情報量」として定義された概念の萌芽にほかならない。物質の世界は、幸いにして完全なランダム（情報皆無）ではなく、人類が「情報」を充分感じ取れる（生物分類におけるいわゆる〝環世界 Umwelt〟感覚と同様な）世界であり、いずれは生命ともつながりうる〝共生可能〟な領域であることが明らかにされたのである。今日われわれは、メンデレーエフの功績によって、この物質界への共生可能範囲の拡がりを、一九世紀にいち早く確認でき、何がしかの準備もされてきたという恩恵を受けている。

メンデレーエフ以前にも、類似の周期表は、かなり提案されていたにもかかわらず、なぜ彼が先駆者の栄誉を独占できたかという理由は、当時未発見であった元素の存在をいくつも、しかも極めて的確に予言しえたからである。いわば、メンデレーエフ〝周期表システム〟の予言能力が実証されたからにほかならない。その場合、予言の適否を精密に判定する〝計測デバイス〟の存在が不可欠であった。一八一四年、フラウンホーファー（一七八七―一八二六、ドイツの光学技師）の製作した高性能プリズム応用の太陽光線の分光器によって、約六〇〇本の黒線を含む色（波長）ごとのスペクトルを記録することに人類は成功していた。一八五〇年代後半には、太陽光線のかわりに、光源としてしてブンゼン・バーナを採用し、その炎の中へ各種化合物の結晶を入れ、その特有の炎色光をプリズムに当てて分光スペクトルが得られるようになった（二人のドイツ人共同研究者、ブンゼンとキルヒホフの功績）。この分光器測定法という、物質科学における最強の方法論の一つ「分光分析（スペクトロスコピー、spectroscopy）」が確立した結果、他の先進諸国に先駆けて化学がドイツにおいて盛んになり、完全に化学の近代化に成功した。しかも、気体の炎上という発熱化学反応と、発生した光線をプリズムによって光の周波数（色）の順に分布するスペクトラムとして表示する光学的情報処理まで鮮やかにやってのけた歴史的成功事例である。その応用範囲は、地球上における各種産業的応用にとどまらず、宇宙空間の化学成分の研究にまで及んでいる。最近、ドイツ産業が第四次産業革命（インダストリー四・〇）を提唱し、例えばＩｏＴ（Internet of Things）を中核に据えて挙国体制で取り組んでいるが、「フラウンホーファー研究所」と名づけているのも上記の歴史的背景を考えればむべなるかなである。

自然光（白色光）の分光スペクトロスコピーは、三原色に分光されるという常識が行きわたっているが、その原則を踏まえて、二〇一四年のノーベル物理学賞を三人の日本人が受賞した。白色光が、ＬＥＤ（発光ダイオード）の組み合わせではできなかった理由は、青色ＬＥＤが作れなかったからである。ノーベル賞受賞の理由は、この三人によって青色ＬＥＤの製造が可能になったからである。まさに、分光器とは逆に光の合成の問題である。進化の系統樹における分岐の逆の合流に相当する重大事であり、ミトコンドリア細胞内共生の場合に似ている。つまり、ミトコンドリアの細胞内共生が真核生物への一大進化をもたらしたように、生活上でＬＥＤ照明の普及にとっては、青色ＬＥＤが決定的な影響力を広範な関連領域に及ぼしている。光をめぐって、分光と合成のイノベーションが百数十年の時間のずれで完全に可能になったのは、極言すれば分光器（プリズムなどの光学）と半導体（シリコン以外も含むチップ）の技術革新を反映した結果である。

7 おわりに——iPSにみる「イン・シリコ」アプローチが示唆する「共生」観の発展

ヒトのiPS細胞の作製成功（二〇〇七年）の五年後、山中伸弥教授（京都大学）はノーベル生理学・医学賞を受賞した。二〇〇六年には、大人のマウスの皮膚からiPS細胞作製に成功していたが、その快挙の最大の要因は、「山中4因子」と通称される四遺伝子への絞り込みの成功であった。伝統的な医学研究のアプローチでは、「イン・ビトロ（in vitro）」と呼ばれる試験管内の実験と、これに続くイン・ビボ（in vivo）と呼ばれる生体内の実験が必要であり、その候補になる遺伝子のリストを決めなければならない。そもそも、ヒトの体を構成している遺伝子は約二万二〇〇〇、それからできるタンパク質は一〇万以上もあるが、「ES細胞に含まれているが、体細胞には含まれていない」物質だけを選び出し、綿密に検討して標的を絞り込んでいく作業がネックになっていた。幸運なことに、タイミングよく理化学研究所がマウスのES細胞やさまざまな分化臓器に発現している遺伝子のデータベースを完成し公開した。これを利用することによって、上記のネックをたちまち解決できたという。つまり、コンピュータとインターネットの発達が、この新しい研究のアプローチを生み出した。これが「イン・シリコ（in silico）」アプローチにほかならない。当初、成功までに二〇〜三〇年はかかるのではないかと予想されていた障壁が劇的にブレイクスルーできたのである。

「共生」観の今後の発展にとって、長い生物進化の末に起こったミトコンドリアや葉緑体の〝細胞内共生〟を事後的に解明するにとどまらず、iPS「イン・シリコ」アプローチを未来に向かって積極的に適用することによって、iPSにおける山中4因子絞り込みのような予想を超えた大飛躍を期待してやまない。

第2章 時代の閉塞感を突破せよ
——「ケア」の新パラダイム

1 はじめに——「ケアレスミス」を糸口として

「ケアレスミス」という言葉を糸口として、「レス」(-less)を抜きにした「ケア」の方を重点的に考えてみよう。例えば「うっかり見落としたために起こった」エラーなどで「careless」という場合、通常エラーを防ぐために当り前に実行している注意喚起(努力)が、「ケア」に相当する。言い換えれば、通常(usual)の正常な運用において、行き届いたケアのおかげで無数のケアレスミスが事前に除去されていると考えられる。いわば、「レス」の「レス化」という二重否定構造を認識することによって、隠されていた「ケア」が初めて浮き彫りになるのである。広義の「ケア」はほとんど無限に隠れた存在として埋蔵されている。

「ターミナルケア」(終末期医療)という言葉も最近よく耳にするが、この場合には従来の介護の目的が、正常の健康状態への復帰という言葉の定義から、復帰不可能を前提としての患者および家族の苦悩の除去へと目的が変わっている。

最近、高齢者に対する、ロコモーティブ・シンドロームへのケアとして、リハビリテーションが普及してきた。いまや、二一世紀の国民病と目され始めた認知症への対策としても、運動機能の維持目的の「ケア」が注目されている。

医療福祉関係以外にも、ケアの概念が広がりつつある。労働医学面にとどまらず、人間・機械システム全般に対してケアの概念が無視できなくなってきた。とりわけ、最近のＩｏＴ（Internet of Things の略）の発展・普及とともに、ケアの技術面での各分野への支援・応用能力も急拡大すると期待されている。例えば、レストランなどでの配膳作業や、美容師の手作業中などへの応用について、最近、ウォッチ型端末の利用への関心は現場サイドで意外なほど高まっている。つまり、技術革新によって新しい「ケア」が生まれてくる。

ケアの概念の拡大は、都市行政の面でも今や高齢人口の増加にともない、深刻な課題になってきた。例えば、東京都内では二〇一〇年の二五五万人から二〇一五年には二九一万人に高齢者人口は増加し、総人口の二二パーセントを占め、要介護者や単身者割合も高い。当然、介護や医療、生活支援などに関する具体的施策が求められている。現状では、在宅療養を支えるケアマネジャー（介護支援専門員）や訪問看護師は不足しており、高齢者向け住宅整備も遅れている。一方で、高齢者を地域ぐるみで支援する地域包括ケアシステムの拠点整備も進められている。行政や民間の不動産企業などが、各種の交流（スポーツや講座など）施設を開設したり、病院と一体の福祉拠点を設けたり、サービス付き高齢者向け住宅（略称「サ高住」）の地元への開放など、幅広い多くの努力が重ねられている。

本章では、これらの具体的な事例のレベルで考えるよりも、むしろ長期的展望に立った、歴史的・社会構造的さらには最新の科学技術動向をも加え、包括的に未来展望を試みたいと考えた。

2　オフィスのＩＴ秘書業務から「ケア」分野への拡大

そもそも一九三〇年代から始まった、事務機械化の流れを顧みると、第二次世界大戦後主としてエレクトロニクスにおける驚異的技術革新によって、企業のオフィス全体が様変わりした。その結果、秘書業務もＩＴ（情報技術）化が進み、いわゆるＩＴ秘書が誕生するに至った。しかし、これは「ケア」分野との関連がほとんど皆無の世界での出来事であった。

さらに、ＩＴ化の影響は企業活動の国際化を通じて、企業首脳層までも含め、そのスタッフ全体へと拡散した。また、業種分野間の差異の問題や、学校教育情報化の人材育成への影響なども踏まえながら、結局社会全体の構造変化を迫るまでに至った。つまり、業務用のＩＴサービス提供側と、一般の利用者（ユーザー）側の両面でのドラスティックな変化が起こってきた。

とくに、二〇〇七年以降にユーザー側でのイノベーションとして、スマートフォン（スマホと略す）・タブレットの爆発的普及が起こり、世界全体へ決定的構造変化、例えばアジアの圧倒的スマホ台数優位をもたらし、二一世紀の国際的バランスを変える歴史的大事件に発展する可能性さえ秘めている。

そして、二〇一八年の今日、ＩｏＴのウェアラブル化における大部分を占めると予想されている腕時計型情報端末 Apple Watch が登場した。すでに世界中に普及したスマホを基盤として、次の大変革を起こす起爆剤かもしれないという雰囲気を漂わせ始めている。

筆者のグループが行った予備的テストでは、スマホ単独使用の場合にはなかったＬＩＮＥ（ライン）スタイルのリアリティ感覚が、手仕事等を中断することなく味わえるという極めて現場向きな特徴が確認されるに至った。また、シニアへの対応にも適性が高く、グーグル（Google）フォト等の高性能アーカイブ機能と組み合わせれば、大いに歓迎されるに違いない。基本的には、IT秘書の活躍領域がオフィス以外、例えば「ケア」を含めた高齢者関連分野にまで広がるのではないかと予想されている。この動向が示唆するところは、「ケア」の分野が受動的に外からの技術革新の影響を受けるという、二一世紀の未来像に特有な特徴である。

3 「高齢化ボーナス」は実現できるか

わが国の高齢化については、二〇〇〇年に総人口が史上最高のピークを超え、以後減少化のトレンドに入った。加えて、世界第一位の高齢社会の座を保持し続けており、総人口における子どもの比率は、依然として低下が続いている。つまり、量的増加はもはや望めず、質的向上に未来への希望を託す以外にない。もちろん、高齢化は必ずしも活力の低下を意味するものではない。むしろ、経験知の蓄積は増加し、認知症比率を低水準に抑制した健康長寿社会創建に成功できれば、ＩＴを使いこなして経験知を活用できる「高齢化ボーナス」への転換が実現して歓迎されるはずである。アジアの人びとにも、二〇〇〇年頃にはまったく「高齢化ボーナス」という概念はなかった。それどころか、低賃金労働力の涸渇つまり若年社会のボーナスがオーナス化する転換点（二〇一〇年頃中国の沿海都市がそのターニングポイントを通過したと見られている）のモデルの方が注目され、定着している。

一方、わが国のベンチャーの年齢別起業数統計データを見ても、五〇～六〇歳以上が過半を占めており、最近の構造的変化は明らかであり、現場の実感もそれを裏づけている。すでに、一九八五年頃から生涯学習と技術革新の問題は、二一世紀の中心的課題の一つとして予測はされていた。

そもそも、高齢化のボーナスなど存在しうるのかという本質論としての検討が、まず必要ではあるまいか。専らオーナスとして捉えられている理由は何か。むしろ、良否の判定基準に問題があるのではないか。なぜなら、今われわれは史上空前の長寿化に当面しているのだから、新しい基準作りへの検討もあって然るべきではあるまいか。もし、新しい基準のコンセプト（それは二〇世紀に替わる二一世紀オリジナル）があったとしても、現行の二〇世紀から受け継いだ「ケア」の中にとどまる限り、それは「オーナス」と見なされてしまうのかもしれない。つまり、分類学上の問題である。近年、リンネ以来の生物分類学においても、激変が起こっている事実は大いに参考になろう。それはゲノム思考の浸透が、二一世紀の基調になってきたからである。

4　高齢化ボーナスと「エントレインメント」のシニア化

新生児における母子相互作用、とくにエントレインメント（speech synchronization）の実験に、当時四〇歳台であった筆者が傾倒していた時期（一九七〇年代後半）があった。ここでは、その研究内容に立ちいることは避け、むしろそのアプローチ自体のアナロジーとして高齢化研究や「ケア」の問題への適用を考えてみたい。

生物進化史上で、卵生から胎生への進化の結果として、胎児から新生児への移行つまり〝出産〟という現象が登場した。そして、出産直後からのMothering of Motherが極めて重要なプロセスであることが、一九七〇年代になって判明した。

ヒトの加齢現象においても、〝高齢者の高齢者化〟のコンセプトが必要なのではなかろうか。単にカレンダー上で高齢者になっても、それが自動的に生物学的に満足な高齢者機能を具有できるわけではないと疑ってみる立場も存在してよかろう。本章では、加齢によって高齢期に入ることを、「シニア誕生」すなわち高齢者が〝出産〟されるとみなす、いささか強引な作業仮説を、あえて提案してみたい。例えば、このアナロジーを使えば新生児の神経ネットワークの発達が不十分であるのは当然であり、高齢者においても同様に認知症など神経・精神機能不全の発症もアナロジーとして容認する新しいモデルも設定できるはずである。

腰痛の約半数から七割近い患者は、認知行動療法によって治癒する。腰部の激痛の記憶が、脳の神経回路に恐怖の状態をひき起こしやすくさせるが、それを抑制する効果を前頭葉にあるＤＬＰＦＣ（背外前頭前野）がもっている。その機能の低下などは、ＭＲＩ（磁気共鳴画像）の映像によって現在では画像診断が可能であり、患者に対する極めて説得的な情報提供になっている。したがって映像を見せるだけで治癒する症例も少なくない。つまり、情報をベースにした病理学であり、治療法である。

そもそも、エントレインメントとは、新生児と母親との間における視聴覚等の「情報を相互に交信する作用」の定着にほかならない。ここで新しく提案したい「シニア・エントレインメント」とは、年齢的に中年期から高齢期への移行にともなって発生する、新たな情報的相互作用の形成を意味している。しかし、すでにその個体は出生直後にエントレインメントのプロセスをたっぷり経験しており、その際使われた実証済みのメカニズムはすべての個人の体内に確実に備わっているはずである。したがって、例えばシニア・コンシェルジュは、まず新生児において四〇年も前から研究が重ねられてきたエントレインメントのメカニズムを学び、十分理解した上で、それを〝シニア化〟する工夫をするのが得策ではあるまいか。

誤解を恐れずに、あえて大胆な表現をすれば、新生児に対応をして、「新生高齢者」こそが、シニア・コンシェルジュが対応するサービス対象である。そして、新生児における長年の経験や研究結果からすれば、新生高齢者のエントレインメントの成否こそ、後になって成熟高齢者の運命を左右するはずだと類推できる。

このオーナス・ボーナス反転を可能にする具体策の第一歩として、「シニア・エントレインメント」を提案し、その挑戦に役立つシナリオを開発していきたい。新生児のエントレインメント（母子相互作用）は、すでに一九七〇年代以来の研究の蓄積があり、いわゆるMothering of Motherといわれて実際の治療効果を発揮している。

5 ゲノム編集やキュービット、パラレルリアリティの活用で悲観を楽観へ

シニア・エントレインメントというコンセプトを、現実にフル稼働させるために必要なハードウェアとして、筆者たちが最近最も注目している新しいツールとしては、例えばApple Watch（以下、ウォッチと略す）がある。ちなみに、近年メディアをにぎわせているＩｏＴの未来予測において、情報端末のウェアラブル化の本命は、ウォッチのような腕時計型である。

もちろん、コンセプトとツールが揃った上に、さらにそれらを最も効果的に現場で働かすことができる人材の育成が不可欠である。シニア・コンシェルジュは、まさにその需要に応えるプロフェッショナル的人材にほかならない。

上記の条件が揃ったとしても、超高齢社会の日本国という特殊な環境条件によって、問題解決が妨げられないかという懸念は拭えない。例えば、その一つが総人口の減少傾向であるが、現在のところ、その減少傾向が底を打って増加に転じる可能性は少ない。とくに、ベビーブーマーの第三次の高まりが、期待に反してまったく見られないのが、決定的な悲観材料であることは認めざるをえない。

ただし、「悲観的」という場合、「二〇世紀までの在来システムや従来の技術の方法論に依存す

る限りでは」という、但し書きがつけられている点が注目されるべき核心的ポイントである。逆説的な表現になるが、誰が見ても国際比較で最も悲観的な日本の状況が、かえって強力なトリガーとしてはたらき、新しいシステムや技術の開発や実用化に成功した前例は意外に多い。

現状においても、二〇一三年に登場したクリスパー・キャス9（CRISPR/Cas9）がもたらしたゲノム編集能力の飛躍的向上の成果を、全面的に活用して普及へのバネとできれば、おそらく起死回生に成功した上記の前例が生きてくるはずだと予想される。

また、電子ビットから量子ビット（キュービット）へのシフトの場合においても同様であろう。つまり、キュービットをベースにした量子コンピュータ時代が、二一世紀の前半には確実に到来するであろう。したがって、すでに二〇世紀後半に確立されていた量子宇宙観から、並行宇宙や多宇宙（マルチバース）が自然に導き出され、いわゆるパラレルリアリティが当然だと考えられる二一世紀の知的風土が着々と築かれてきた。つまり、科学技術における新しい可能性を果敢に活用することによって、悲観から反転して楽観が生まれようとしていると解釈することもできるのである。

6 ウォッチにみる二一世紀パラダイムの特徴

目下、シニア・エントレインメント実現へのツールとして注目され、今後のその発展が期待されている「ウォッチ」に関連して、まずその代表的な二つの使い方を紹介する。

その第一は、筆者自身が両腕に一つずつ計二つのウォッチを同時に使用している例をご報告したい。生物の世界でも頭部の両側に、一つずつの目や耳をもち、左右の世界から同時に別々の視聴覚情報を脳のニューロンネットワークへ入力している動物は少なくない。それぞれの入力情報は、身辺の近接した場所からの送信だけではなく、実験条件としてはむしろ何十キロメートルという遠隔からの場合を選んで実験し、その結果を比較するほうが、効果を明確化するには好ましいと考えられる。それは後述のフラクタル構造を考えると容易に理解できる。つまり、明確なパラレルリアリティの実感をリアルタイムのライブパフォーマンスとして、自然に近い状態で、長時間連続的に反復して実体験することができるからである。その結果エントレインメントの場合と同様に、ウォッチ環境へ対応できる心理的状態へ自己改造ができる。

一見スマホでも同様なことは容易にできそうに見えるが、実はウォッチの機能とはまったく違う。まず、ポケットなどのスマホ収納の状態から取り出すこと（逆に収納する場合にも時間や労力が必要）に必要な手間と時間遅れがゼロにできる。また、二つのスマホを両手に持ち、同時に操作するのは、かなり困難である。この状態では、音声入力もスマホではかなり無理がある。最後の決め手は、ウォッチなら両方の手指を使った他の作業を継続しながら、同時並行的に情報の入出力作業ができるのに対して、スマホではほとんどそのような同時パラレル操作は不可能である。例えば歩行中とか、騒音環境でも通信が容易であり、応答が格段にスピーディになる。

第二は、チーム・ウォッチと呼んでいるが、それは複数のユーザーの共同連携プレーが極めて有効なことである。さらに、第一と第二とのコンビネーションを、巧妙に行えば一層の相乗効果が期待できるはずだ。例えば、シニア・コンシェルジュにおいても、実施面における経済性向上の問題にも貢献でき、かつ質の向上も達成できるであろう。

腕時計型表示面を使う場合、その物理的な大きさが切手大であるための実用上の見やすさいかんが気がかりになる。これは、個別の利用場面で実験的に使ってみて評価する以外に決め手はないが、予想以上にかなりの微細構造まで認識できることが最近のテストで実証できた。一方、小画面の良さは、のぞき見され難いという利点もあるが、もっと原理に深く考察すべき問題もある。図形のある部分を拡大して出現してくる図形が元の全体の図形と相似形である（自己相似的）という、「フラクタル幾何学」的構造がとくに複雑な自然界の図形には数多く見られる。フラクタルは、一九七〇年代にマンデルブロー（一九二四―二〇一〇）によって数学的体系が創られ、以後ＣＧを始め多用されている。つまり、表示面は大きく見やすいという評価ばかりでなく、フラクタル図形として体系的に、例えばフラクタル次元という複雑さの尺度として取り扱われる実用面のメリットもある。ＱＲコードなども併用した保守点検などを始めとして現場的ニーズは少なくない。要するに、伸縮自在の縮小された表示面が、大きなポテンシャルをもつことを認識する必要がある。フラクタル次元のような新しい次元が導入され、いわば「次元新大陸」が発見される時代が到来していることは、二一世紀パラダイム・シフトのシグナルとして理論的にも注目すべきではなかろうか。

7　「ケア」への迂回的アプローチとその成果

本章の主題である「ケア」の問題から、あまりにも逸脱してしまった感じをもたれた読者もおられるかもしれない。筆者の意図するところは、「急がば回れ」の最適迂回路を見つけて、結果的には最短の時間と最小コストで最大の効果をあげたいという戦略を採ったのである。

この迂回作戦全般の成否の論評はさておき、まず「ウォッチ」導入で発生した具体的事例を糸口として、二一世紀の「ケア」をとりまく基調の変化について、その本質の分析から始めたい。

それには、今後「ケア」の受益者である高齢者や病人が二一世紀の進行とともに、どのような変化をしていくのであろうかという予想が不可欠である。とくに、現在の若年層の特性を研究すること、つまり今彼らが示している萌芽から未来の姿を類推しなければならない。まさに〝観今知新〟である。例えば小学校から近年始まった反転授業（iPadなどのタブレット端末利用）を受けて育った子どもたちが一〇年後には大学生になり、当然その学生を受け入れる大学も反転学習を採用することになる。卒後の生涯学習にもそれが続いていくとすれば、三〇年後の四〇歳台は現在とはまったく違っているはずであり、日常生活でも職場・家庭ともに、二一世紀中頃には人材面からパラダイムの大変化が起こっているに違いない。二〇一五年のウォッチを通してみる二一世紀のパラダイム・チェンジとは、現在反転授業を受けて育っている小学生によって確実に遂行されるに違いない。しかも、その子どもは数年前にエントレインメントを体験している。四〇歳のシニア・エントレインメントはまさに復活（ルネッサンス）である。

人材面に加えて、デバイス面における具体的な前兆的変化を紹介すれば、パソコン（PC）、スマホ、ウォッチの三つのデバイスを使っているA、B、Cと名づけた三人が示す利用実態の差が明らかになる。何らかの用件でAに連絡すれば、本質的には従来の手紙感覚で送受信がなされ、インターネットのメールが来ているかどうかを、郵便受けで見る速度よりは速いが電話とは違う。Bではスマホになるので携帯電話並みになるが、Cのウォッチになると前節（第6節）に書いたとおりである。筆者の身辺で実体験した結果では、Bにとっては、いわばLINEふうの

Cのモードでひっきりなしに送信してくる通信に対してはやはり過剰感が強くなり、返答は少なくなる。スピーディな送受信に慣れたCにとっては、結局Bへの送信は減少し、いわゆるネットワークの成長の代表的「バラバシ・アルバート・モデル」（一九九九年考案、略してBAモデル）へ落ち着く。したがって、シニア・エントレインメントにおいても、その成果はA、B、Cのデバイス別の影響を考慮した、適時適所でA、B、Cのミックスを使い分けていくことがシニア・コンシェルジュにとっての賢明かつ現実的選択になる。

さて、新生高齢者からシニア・エントレインメントによる「ケア」が成功して、成熟高齢者が出現し、二一世紀の高齢化ボーナスがメリットを産み出し始めた時、年齢とは関係なく難病や傷害後遺症の人びとも、同じ「ケア」の恩恵に浴して健常者と共生できるのではなかろうか。つまり、病人や高齢者を分離によってではなく、二一世紀パラダイムは「ケア」の拡大によって彼らの能力を発揮させ、その成果を実社会で活用していくシステムを実現させることができつつある。筆者のグループにも難病の研究スタッフが参加しており、二〇年にわたって研究活動を行ない、自身のデータを蓄積・活用している。スマホ・タブレットにウォッチまで加えて、現在ますます実績を重ねている。

8 おわりに——〝成熟高齢者〟へ反転させるプラス思考

二一世紀も十数年が過ぎて、シニア中心の時代環境が明確になってきた。大づかみにいえば、四〇歳から六〇歳までが「シニア・エントレインメント」期であり、そこでしっかり社会との新たなボンディング（絆）ができた上で、いわば〝新生児的高齢者〟から六〇歳以上の〝成熟高齢者〟へと生長・変身して、初めて二一世紀の高齢化ボーナスとしての「ケア」を実現する本格的戦力になれるのである。この重要な反転プロセスを完成するためのサポートをする役割が、自らが「ウォッチ」を使いこなすシニア・コンシェルジュにほかならない。

二〇世紀は〝ビットの世紀〟であったともいえる。情報即ビットの一色で塗りつぶされていたのであった。それが二一世紀には、量子ビット（キュービット）が加わる。量子宇宙観に支配される自然観をとる限り、当然のことながら、キュービットの支配も認めた世界だからである。

一方、バイオの世界では、ゲノムの存在感が、圧倒的になってきたから、いわば「ゲノキュービット」とでも呼ぶべき機能単位が、二一世紀の〝知的通貨〟になる可能性が出てきた。良きにつけ悪しきにつけ、このゲノキュービット抜きにしては、未来は描けない。

したがって、二一世紀の未来予測を試みれば、ゲノムとキュービットがかつて何十億年も前に起こった「ミトコンドリア共生」のように、あたかも細胞内共生的な営みを始めるというシナリオも除外してはなるまい。ミトコンドリア細胞内共生の結果、真核生物への本格的生物大進化がスタートした。この進化史上の過去の貴重な教訓から、今日われわれが抱くゲノムとキュービットの相互関係のイメージは、真核生物大進化に匹敵する超大型フロンティア出現の夢、とりわけ「ケア」拡大へのファイトをかき立てるものがある。

二〇世紀に確立された量子宇宙観から、知的活動の道具としてキュービットや並行宇宙（パラレル・マルチ・ユニバース）が導き出された。また、ゲノム中心の分子生物学的生命科学が、二〇世紀の後半から二一世紀の冒頭にかけて、ヒトゲノムの全解読からゲノム編集に至る史上空前の偉業を成し遂げて不動の位置を築いた。おそらくわれわれは、現在ルネッサンスに比肩する大変革に当面しているのではなかろうか。

二〇〇〇年を過ぎて、わが国は少子高齢化のオーナス現象に見舞われていると論評され、一般的には嘆かれている。しかし、歴史の前例から学ぶと、一見八方塞がりに見える、この悲観的状況の存在によって、オーナスをボーナスに反転させる〝バネ〟のエネルギーがどっさり貯め込まれていくのだと、プラス思考へ方向転換できれば、まさに二一世紀型「ケア」を育む糧になるのではなかろうか。

第3章 ブランコ式向上をめざせ
――デザイン力×ITイノベーション

1 はじめに――デザイン力とは

「未来に向けて、今は存在しないが、あればいいと考えるもの、あってほしいこと、あるべき事態などをイメージし、構想し、それらのイメージやヴィジョン、プランを実現へと導いていく実践方法と創造指針を提示する行為の総体」が、「デザイン力」における「デザイン」の定義である。手短にいえば「現にないけれど、そうありたい」という願望を満足させる力にほかならない。しかし、現状ではデザインは、ともすれば軽佻浮薄に流れ、無力化し、構想力やヴィジョンが失われつつあり、改めて変革と新生を図る真の「デザイン力」が求められているとも指摘されている。

そこで本章では、真のデザイン力の向上に対して影響を与えると予想される有効な手段について考えてみたい。しかも、デザイン力のターミノロジーから出発する演繹的で論理的な議論ではなく、具体的なデザイン力向上の候補として登場する事例研究から始めたい。つまり、特殊から普遍への手法にほかならない。したがって、デザイン力自体については、最初から深入りすることを避け、現在の技術革新の応用事例を通して、そこに反映されてくる「デザイン力」の存在を、まず当初の段階では〝感得〟する程度にとどめる。このアプローチは、ある意味では近代自然科学の初期における、素朴な常套手段であったともいえる。例えば、「力」の存在を加速度の観察から展開していく、ニュートン力学の手法とも共通する。

2　二一世紀開幕一〇年間で激変した情報通信技術

二一世紀にかけて、技術革新の分野で中心的な役割を果たすのは、IT（情報技術）とゲノム科学の二つの分野である。もちろん、この他にも宇宙科学や脳科学やナノテクノロジーなど極めて重要な分野があることは否定できない。しかし、デザイン力の観点から見れば、ITが最も直接的影響が大きいと考えられる。そもそも、グーテンベルクの印刷術（一四五四年までに技術上の問題をすべて解決した）は、一五世紀の情報技術革新であり、一七世紀の科学革命発生へ決定的（宗教革命へのそれを凌ぐほどの）影響を与えたと、ニーアル・ファーガソン（ハーバード大教授）は彼の著書『文明』（副題として、訳者あとがきで「西洋とそれ以外」、イギリスのペーパーバック版では「西洋が覇権をとれた六つの真因」）の中で強調している。すでに一四一三年、フィリッポ・ブルネレスキ（一三七七―一四四六、イタリアの建築家）が、遠近法を絵画に導入しているし、さらに、一五一七年の宗教革命と、それ以降にヨーロッパで起こったキリスト教の影響力の低下が、ルネッサンス期によみがえった古典的な学問の普及をうながし、それらの要因を背景にして、産業革命以前の技術革新としては画期的である印刷術の発明が生まれたのである。中国で発明された印刷技術との差は、グーテンベルクの印刷技術で金属製の活字を組み合わせて文章を作っていくという、極めて柔軟で拡張性に富む方式が採用されたことである。つまり、「押し型と活字の、バランスが取れた機能」が獲得できたことによって、パンフレットや本を〝迅速かつ大量〟に作ることができるようになった。あまりにも強力な技術だったために独占することは不可能で、たちまち全ヨーロッパへ普及してしまった。

グーテンベルク革命と同様な急速な普及が、今ＩＴにおいて二一世紀開幕と同時に起こり、驚異的な速度で、地球規模で、辺境といわれるようなところにまで、携帯電話やインターネットなどの情報通信端末の活用が実現したのである。先進国で過去に起こった、この種のＩＴ普及の歴史には見られなかった興味深い現象が生まれている。それは一種の飛び越し現象であって、例えば、まったく有線通信の時代を経過せずに、最初から無線通信でモバイルが当然というライフスタイルの誕生であり、その社会基盤に基づいてすべてが構築されていくのが二一世紀の現状の特質であり、陳腐化した過去の遺産をもたない有利な状況で未来の計画ができる。もちろん先進諸国には、陳腐化しない過去の遺産も保有されており、これを有効に活用することのみが新興国にできない独自な活動分野である。例えば、科学技術の研究開発にともなって蓄積された膨大な記録（アーカイブ）が存在し、かつそれらの貴重なアーカイブを作成した、経験豊富な人材のストックも保有されている。

3 事例にみるデザイン力

ここで、本章の主題である「デザイン力」に関連した事例を提示して、〝臨床講義〟的に検討してみよう。それは、「東京駅復元」と「スカイツリー」の比較評価の問題である。いずれに高い評価を与えるかの問題が議論されたことがあった。世界一高い電波塔を実現したスカイツリーに、文句なしの軍配をあげる識者もいた。また、旧東京駅もたかだか百年程度の古さの建築物であるから復元して保存するには値せず、解体・撤去して新築するのがよいという意見も出た。そもそも、旧東京駅のデザインはヨーロッパの某駅（おそらく一九世紀建立）をモデルにしたもので、スカイツリーのデザインに比べるとオリジナリティにも乏しい。このようなスカイツリー支持の意見に対して、以下のような東京駅復元を支持する意見が交わされた。

まず、解体・撤去論は、少し以前の日本ならば、問題なく実行されたに違いないと、復元論の人たちは推定する。とにかく時代が変わったのであるというのが、復元された根本的な理由である。まさに、「そうありたい」という願望を満足させるデザイン力がはたらいたと考えるべきかもしれない。その結果、外観や内装は最初に作られた時と同様にクラシックな雰囲気を追求して、忠実に復元されているが、構造的には地震に対する高度な設計とか、大幅に増加した列車本数を受け入れた地下構造の巨大化、全国最大級の乗降客数や運行列車本数を正常に処理する日常業務を中断することなく、長期間にわたって難工事が遂行されたことなど、いずれも最高水準の高度技術を駆使している点は、いささかもスカイツリーに劣るところはない。したがって、評価としては甲乙つけ難く、結局両方に最高の同一評価が与えられた。事実、両者ともに開業後の集客力は驚異的である。

さらに両方に共通することは、計画の段階から完成に至る間の膨大なアーカイブが生まれていることである。また完成後も保守点検や各種の計測データが継続的に蓄積されていく。これらの貴重なアーカイブが、未来の科学技術を躍進させる跳躍板（springboard）になることは明らかであり、これこそ科学革命には不可欠な準備条件である。一七世紀の科学革命におけるグーテンベルク印刷技術と同様に、二一世紀の科学革命においても新しいタイプの書物（ニューブックあるいはハイブリッドブックと呼称する新しいＩＴデバイス）の登場が期待される。

4 ハイブリッドブックの複素数的デザイン力を探る

従来、本（ブック）といえば、グーテンベルク以来の印刷された紙媒体を指している。ルネッサンス以後の学術的成果はほとんどこのタイプの出版物の中に収められ、近代的な図書館で膨大な量（冊数）がアーカイブとして保存されてきている。文字と挿絵・写真のみならず、動画（例えば、映画フィルムやＤＶＤなど）でも、いったん作製されてしまうと容易に変更できない特性つまり不変保持性がある。これに対して電子的情報媒体は、高速で変更可能である。コンピュータから、その計算などの結果を液晶表示パネルへディスプレイして、確認や修正を施した後、プリンターを使って印字用紙へ出力する作業は日常生活で常態化している。通常、液晶パネル表示を「ソフトコピー」、プリンター出力を「ハードコピー」と呼んでいる。

従来のグーテンベルク型出版業は、いうまでもなくハードコピーをベースに成立している。最近、とりわけ注目を集めている電子出版や電子書籍は紛れもないソフトコピーの世界で生まれ育って、最近ようやく本格的なビジネスとして伸び始めている。前者は過去十年でビジネスとしては大幅に減少しており、後者はビジネスのフローとしては伸びが著しい。おおまかに、コンテンツとしての情報の絶対量を、アーカイブまで含めて比較すれば、当然ながら前者が圧倒的に大きい。このようなマクロの状況判断に立って、ハードコピーとソフトコピーの一体化こそが、二一世紀の〝超〟グーテンベルク革命であり、その結果「デザイン力」にとっての最強力な推進エンジンが獲得できるのではないかと考えられる。比喩的にいえば、前者を実数部に対応させ、後者を虚数部に対応させて一つの複素数を構成することによって、近代数学が大発展したようなブレイクスルーが実現するのではないか。具体的にはハイブリッドブックの誕生によって、二一世紀の科学革命をリードし、やがて二一世紀の産業革命をも生み出す、まさに人類の文明史が求めている真のデザイン力の登場を可能にするのではなかろうか。

文明史を考える場合、その時間軸において、過去は未来と対称的な存在として、未来のためにあるともいえる。そして未来は、今を過去と対（ペア）になって挟みつけて、今を今たらしめるためにある。ゆえに、過去、今、未来の三者はいずれかが欠けても自らの存在を脅かされる相互依存関係にある。デザインとは、今は存在しないが未来をイメージする、いわば〝未来心理〟にほかならない。グーテンベルク革命以前には専ら「筆写」によって過去がアーカイブされて、「今」という時刻にまで不変保持されていた。一五世紀のグーテンベルク革命は、筆写で本を作る（コピー作業）スピードに比べて段違いに速くなり、かつ大量供給を可能ならしめた。この高速化と供給力拡大こそ、真のデザイン力を実現するための基本条件である。もちろん二一世紀の現在、超グーテンベルク革命といわれるくらいの超高速化と超供給力が、ITの発展によってかなりの程度達成されている。何よりも、対応するユーザーの情報需要・消費能力の拡大も著しい。これこそが実体経済の成長をもたらす原動力にほかならない。

ソフトコピーの実用化以前、ハードコピーだけで構成されていた、いわば実数だけでデザイン力が構想されてきた時代には、伝統的なグーテンベルク印刷物の産物である本がもつ限界を超えるデザインは不可能であった。ハイブリッドブックの出現によって、かつての本が宿命的にもっていたハードコピー一辺倒に由来する限界を超えて、ソフトコピーの世界へまで拡張された(extended)、いわば複素数に対応した新しいデザイン力の誕生が可能になるはずである。

5 ハイブリッドブックの実用化過程からみえてきた条件

そこで、拙著『複素数「解」の時代』(H&I社、二〇一三年)の出版に際して、市場における実用上の各種反応を収集して体験的事例研究を試みた。約一年かけてインタビューの記録を含む従来型の原稿を一応完成させ(いわば実数部にあたる作業)、それに続いてその原稿の各部分に対応して必要と思われる電子映像(いわば虚数部にあたる作業)を二カ月ほどかかって作成し、両者をQRコード(文中の二八カ所に挿絵のように追加印刷)によって結合させ、いわば複素数化して

〝ハイブリッドブック〟にまとめ上げる作業を、出版社の全面的協力を得て完成させることができ、実際に大学院の講義にも教材として利用し、主として教育現場での反応も体験し、貴重なアーカイブも撮ることができた（本書でもＱＲコードを二点、表示している。詳細はｖ頁参照）。

発売後約一カ月の研究結果を概括すれば、ハイブリッドブックが十分に機能するためには、基本的に三つの条件が必要であることが浮き彫りになった。第一が、高速無線回線の環境である。第二は、スマートフォン（スマホと略）・タブレットなどのデバイスが複数台使えることである。第三は、ハイブリッドブックがもつ潜在能力を十分に発揮できる、適切な情報コンテンツが開発・供給されなければならない。現状では、残念ながらこの三条件は必ずしも整っていない。しかし、第一と第二については遠からず満足されるようになると予想される。第三については、目下ほとんど満足できる水準の実例は存在しない。この点は、まだ第一・第二の条件が揃わないので、無理からぬことでもあろう。

上記の三条件のほかに、ＱＲコードを使用することに対する指摘を紹介すると、ＱＲコードの読み取りのために、スマホやタブレットを特定の空間的位置に調整することが必要になるが、その操作のわずらわしさに利用者は嫌気がさすのではないかと懸念していたところ、むしろそれを積極的に評価する意見を耳にして、最近のヒューマン・インターフェイス研究動向への認識を新たにした。従来は、手動操作は可能な限り少なくして、ハイパー・リンクの純ソフト的扱いに限定する、例えば表示面の中でクリックするだけにとどめるのが定石であった。逆に拙著では、例えば液晶パネルに表示されたＱＲコードをｉＰａｄのカメラでわざわざ読み取るような身体運動を採用している。つまり、身体というハードウェア要素と、その運動に必要な情報的要素（通信も含めて）が取り込まれたシステムになっている。そのねらいは、身体運動を起こす積極的な意思の確立・強化をはかることと、脳神経回路が広い範囲で活動することによって発現する脳の可塑性の応用にほかならない。

6　脳の可塑性を応用したデザイン力の向上

最近の脳科学の目覚しい研究成果の一つとして、少し前までの「神経細胞（ニューロン）の新生」や「神経回路の変更・転用」は無いという定説が覆り、適切な治療、例えばリハビリテイションによって「ニューロンの新生や神経回路の変更が可能である」ことがわかった。この現象は「脳の可塑性」と呼ばれているが、デザイン力の向上をねらって、早速応用してみることを目論んだのが、以下に述べる「ブランコ式アーカイブタイムマシン（archive time machine）」の研究開発計画であり、一年以上続けてきている。

アーカイブの性能も、最近では「ライフログ」とか「実世界ログ」と呼ばれるような、従来の常識をはるかに上回る極めて大きなスケールにまで向上し、クラウド・コンピューティングの普及とともに実用化も進んでいる。そもそも、デザイン力は未来にそうなってほしいという願望に基づいた、優れて未来思考、いわば未来心理を前提として成り立つものである。そのためにはアーカイブを活用するのが至極自然なアプローチであり、前述のハイブリッドブックなどの技術蓄積が有効であろうと考えられる。最近、筆者も予備実験的にハイブリッドブックのブランコ計画への応用可能性を模索している。

グーテンベルク革命がもたらした本作りの高速化と供給力拡大というプラスの効果以外に、マイナスの効果もないわけではない。それは、いったん作成された後に顕在化する不変保持性に由来するものであり、徹底したハードコピー偏重は、脳の可塑性を否定した、かつての脳科学の定説と軌を一にするものである。つまり、脳科学のモデルとしてグーテンベルク型印刷物が選ばれたのが原因の一つではあるまいか。もしそうであれば、将来ハイブリッドブックの普及によって、モデル自体が変わり、心情的にも脳の可塑性学説は容易に受け容れられるはずである。

「振り子式」ではなく「ブランコ式」という選択肢を選んだ理由は、そもそもアーカイブの目的が時間軸上の隔てられた時刻から過去のデータを検索して活用することであり、とりわけ〝乗り物の上〟（オンボード、on board）からの視点で、移動中に周囲の環境を観察し、その結果（情報）をアーカイブできることが本質的に重要だからである。さらに、移動（モバイル）が空間的のみならず、時間的な場合にまで拡張する点を大きな特徴としている。そのため、あえて「タイムマシン」というSF的な言葉も使っている。またブランコの場合、オンボードの視線以外に地上で観察している立場の人もある。地上とオンボードでは、観察結果が時間的にズレる事態が生じる可能性がある。アインシュタインの相対性理論（一九〇五年）では、同時性の定義から再構成することによってこの問題を解決したのであるが、同様にアーカイブタイムマシンの場合にも、ライプニッツに始まりマッハを経て相対性理論に結実した、相対的運動の関係性重視説を適用して、ニュートンの絶対時間の概念とは決別しているが、それに対しては二一世紀の今日、ほとんどの人にとって抵抗感なく受け容れられるであろう。

ブランコが前後に往復運動を繰り返すように、時間軸上で過去のアーカイブ実行時点と現時点との間を反復往復することによって、未来心理の実在感が強化されるのではなかろうか。つまり、アーカイブ時点の心理で見れば、現時点の心理が未来心理にほかならないから、この未来心理シミュレーション・トレーニングの効果はデザイン力向上に役立つものと期待される。そもそも、「未来心理」というキーワードを基にしてブランコ式アーカイブタイムマシンを数年ほど前に考案したきっかけは、ｉＰａｄの出現時期と、適切なアーカイブ（一九八三年のＮＨＫ教育テレビの筆者自身出演の番組録画カセット二〇本余りとそのテキストブックの古本）の入手とが重なったからであった。その結果、ブランコ式アーカイブタイムマシンを実験的に体験することができ、これが「未来心理」を体験するシミュレーションにほかならないとの、感触を得た。つまり、適切なアーカイブを使ったブランコ式アーカイブタイムマシンの体験を再三再四重ねることによって、デザイン力向上への「未来心理」の効果を予感できたのである。

7 おわりに――デザイン力×ITの循環プロセス

本章の「はじめに」で、前もってお断りしたように、本章で採用したデザイン力に対するアプローチは、一七世紀の科学革命の時代にニュートン力学で使われた「力」の定義に似ており、「力」なる何者かが加速度（距離と時間として実測可能）を介して明確に（数量的に）基礎づけられたように、「未来にそうありたい」という願望の満足度、つまり今は存在しないが未来予測や期待に依存するというデザイン力がもつ属性や関係性を捉えて、近代自然科学発祥以来の繰り返し初期段階の新科学へ援用されてきた常套手段を適用したわけである。このようなアプローチの限界は、いうまでもなく実体そのものの内部構造や機能の追求からは隔たっており、専ら外堀を埋めている感なしとしない。したがって、むしろ積極的に比較的着手が容易な身近の事例研究から始められるという、このアプローチがもつ利点の方をフルに活かしたいと考えたのが本章の起点である。現在のデザイン力なるものが諸々の問題点を抱えている姿（Profile）が、情報技術

（ＩＴ）分野のイノベーションへも反映し、再びそれが反響（エコー）となってデザイン力自体へ強く影響を与えていく、その循環プロセスこそが、二一世紀の極めて重要な要素となっていくことは確かではあるまいか。

第4章

〝新大陸〟ウェルビーイングをめざせ

――「個人」ユーザー時代の幕開け

1 はじめに――ウェルビーイングの広義化

「ウェルビーイング（well-being）」というテーマは次章で取り上げる「病むということ」の逆である。いわば、病まないということを意味しているとも解釈できる。事実、ウェルビーイングを病気に対比して医学的な意味に限って使う場合、通常は医学的に健康という解釈も多いようである。もちろん本テーマは、単なる医学的な意味よりも広い意味に使われている場合も含めている。そこで、次章の「まえがき」の一部を先取りすることになるが、本章で扱いたい内容を次のとおり広義に拡張したいと思う。すなわち、本章で目標とするのは、「ｉＰｈｏｎｅに代表されるスマートフォンと、ｉＰａｄを代表とするタブレット（情報）通信端末などによって、最近、急速に開拓され始めた最も二一世紀らしい分野と、そこで産み出される（新しい）生き方」（以上引用部分、一部改変）が、現在健康寿命（後述）が問題視され始めてきたわが国の高齢社会において、どのように影響するのかを掘り下げることであり、狭義のウェルビーイングを拡張することである。この広義化によって、ウェルビーイングというキーワードが、技術文明全体が回頭するという時代の大変化に対応して、一段と強力な効果を発揮すると期待される。「失われた二〇年」の長いトンネルをようやく通り抜け、新局面を迎えようとしている日本にとってウェルビーイングは極めて示唆に富んでいる。

2　健康寿命

最近、「健康寿命」とか「健康長寿」というキーワードが目につくようになった。これは、ウェルビーイング思考の表われの一つと考えられる言葉である。ウェル（well）という意味には、当然心身両面の内容が含まれていると思われるが、まず最初に主として身体的な視点、例えば厚生労働省などで「健康寿命」が使われる場合に前提となっているいくつかの指標や新概念を以下に列挙してみる。

通常使われる長寿化を表示する代表的指標は、いわゆる平均寿命であるが、寝たきりや介護をうける期間がその中でどのくらいの比率を占めているかが近年問題視され始めた。もちろん、自由に活動できない日々を高齢者が送ることが増加するのはできるだけ避けたい。しかし、もし単に平均寿命を伸ばす努力だけに集中すれば、結果として医療費や介護費が増大するばかりで、肝心の元気で長生きする期間は据え置かれることになりかねない。

また最近、厚生労働省が普及させようとしているキーワードが「ロコモーティブシンドローム（運動器症候群、略称ロコモ）」である。加齢とともに運動器（骨、関節、筋肉など）の機能が低下し、介護が必要な状況に陥ることを「ロコモ」と呼ぶ。つまり、平均寿命の伸びに対して、運動器の能力がバランスできない破綻状態に陥る。専門家の指摘によれば、一般に、入院治療が必要な程度の運動器の障害は、五〇歳を超えると急増する。要介護になる原因の二割強が、関節疾患、骨折、転倒などであるという。これらを予防するためには、日本整形外科学会などが高齢者に推奨する簡単なトレーニング（通称ロコトレ）も当面の対応策として取り上げられている。

「健康寿命」とは、ロコモなどの健康上の制限がなく、自立して元気に暮らせる期間のことである。厚生労働省の研究班の推計によれば、日本の健康寿命の平均（二〇一〇年）は、女性が七三・六二歳、男性が七〇・四二歳と報告されている。平均寿命との差はいわば不健康寿命であるが、女性で一三年弱、男性で九年強である。健康寿命の延長によってこの差（不健康寿命）を、当面半分以下に短縮することをめざし、長期目標としてはゼロに近づけるのが理想ではないか、つまりウェルビーイングの十分条件ではないが、必要条件の一つであろうと筆者は考えている。

本格的な健康寿命の延長には、上記のロコトレなどのレベルにとどまらず、根本的な具体策が必要である。それには、当然脳科学（例えば、脳の機能と可視化画像による診断や、ニューロン新生による脳回路の可塑性など）、社会科学などの他の分野の成果を十分活用することが必要であろう。

ちなみに、ロコモと、IT（情報技術）におけるモバイル化の問題との間には、共通の概念上の基盤が存在することに気づく。そこでまず、ITの歴史を振り返ってみると、一九八〇年代中頃までの主力マシンは、メインフレームと呼ばれる大型のコンピュータであった。大型コンピュータをタイムシェアリング方式で多数の端末と通信回線で結んで同時に使う方法が、最先端的で高効率なシステム構成（architecture）として使われていた。一九八五年以降、PC（パソコン）やワークステーションを多数使用する、いわゆるコンピュータネットワーク時代へと移行していった。つまり、集中処理方式から分散処理方式への原理的な大転換であった。この段階で、決定的だったのはインターネットの実用化とその普及であった。しかし、その通信回線としてディジタル信号は使ってはいたが、有線の固定式であり、デスクトップパソコンに代表されるような固定式の情報処理デバイスが普通であり、いわばモバイル化以前の時代であった。マイクロソフト（Microsoft）社製のOSソフトウェア「Windows」は、専らそのような環境で使われ始めて大成功した代表的なPCソフトウェアであった。

一方、携帯電話の発達が、一九九九年に「ｉモード」に代表されるインターネットのモバイル化普及の嚆矢となった。ＰＣもノートブック型パソコンが普及し始めてモバイル化への途を進み出した。つまり、情報機能と運動機能の相互促進作用という古典的モデルの再活性化路線にほかならない。ついに二〇〇六年八月エリック・シュミット（グーグル〔Google〕社のＣＥＯ）によって「クラウド・コンピューティング」時代開幕の宣言がなされ、翌二〇〇七年iＰｈｏｎｅ（スマートフォンの代表的製品）が登場し、市場から熱狂的喝采をもって迎えられた。ついに本格的モバイル・ネットワーク時代が到来したのである。すなわち、通信回線は移動体向け無線方式であり、情報インフラとしてクラウド・コンピューティングの支援を受けた新しいモバイルサービスが提供されるという新環境が整ったのである。二〇一〇年には、iＰａｄ（タブレット型高機能情報端末の代表的製品）が登場し、その急速な普及とともに〝ＰＣからタブレットへ〟の移行が顕著になってきた。遠からず、ＰＣとタブレットの間に主導権競争において逆転現象が起ることが予想されている。たしかに、よりモバイル性が高いタブレットに人類は魅了されている。

要するに、人類は二一世紀に入ってから約一〇年間で、爆発的な携帯電話の普及を達成し、今や数十億台を保有するに至っている一方、さらにiＰａｄのようなタブレット型デバイスまで手に入れて、ついに史上最高のモバイルＩＴパワーを初めてもつに至った。これは各個人がモバイル化を高めると同時に、相互にいつでも交信するまったく新しい生活様式の創造を意味している。しかも、日本の場合は前述のとおり、すでに人類の中で最も高齢化した社会を実現しているが、改めて今後は、健康寿命でも世界に先駆けて新たな挑戦を行う使命を担っているのかもしれない。そもそも、現在のロコモへの異常ともいえる関心の高まりが特筆に値する点は、上記の史上最高のモバイルＩＴパワーを獲得したからには、それに並行して起こっている加齢現象であるロコモへ応用し、そのメリットを享受したいという期待が増大していることである。もし、その結果健康寿命が伸びる可能性があるならば、日本は有利な条件を備えているのではなかろうか。それを検証するために、まず歴史的回顧を次節で述べる。

3　日本の潜在能力への評価

明治初期の開国改革以来の約一世紀にわたる日本の近代化の過程は、徹底的に欧米先進国を訪問調査した結果、それによって究極的にはウェルビーイングが達成できるという見通しのもとに、アジア地域の中で最初に近代国家の建設に成功した実例として歴史的な意義をもっていた。また、一九四五年の太平洋戦争の敗戦後、廃墟の中からの驚異的な復興の成功も世界を瞠目させた。米ソ対立の冷戦構造という特殊な状況下においてとはいえ、一九九一年のソ連邦崩壊に至るまでの高度経済成長、石油ショック克服、環境問題への対応、そして先端技術への挑戦とその成功などは自他ともに認める実績である。ジャパン・アズ・ナンバーワンと論評され、ＧＤＰも世界第二の経済大国となり、一九五〇年頃に五〇歳台であった平均寿命が半世紀を経て世界トップレベルの長寿になった。本章のテーマとなっているウェルビーイングに関連して、諸外国の日本の長寿化に対する評価についても紹介したい。

二〇一一年に五〇周年を迎えた日本の国民皆保険制度を取り上げて、英国の著名な医学専門誌『ランセット』(*Lancet*)が「日本特集」を組んだ。そこでは、日本の保健医療の分析結果として、次のような評価が下されている。すなわち、「国民が平等に医療が受けられ、コストも低く抑え、短期間で世界一の長寿社会を実現した日本の実績は、世界の保健医療政策の模範である。今後、超高齢社会への突入を、医療の質を落とさずにどう乗り切るかという日本の課題こそ、世界全体にとっての近未来図にほかならない」。この『ランセット』日本特集の指摘に対して、「保健医療は日本ブランドとして世界に誇れるかもしれないが、現実には今や制度疲労が懸念され始めている。つまり、世界一の健康長寿社会の維持と、その社会インフラとしての皆保険制度の改善がはたして可能なのか、日本の行方に世界中の関心が集まっている」という意見が、その特集に関与した人自身からも聞かれる。日本国民の長年の悲願でもあった皆保険制度の帰趨は、国際的評価のいかんにかかわらず、われわれ自身が全力をあげて取り組み、ウェルビーイング達成に役立てなければならない。

しかし、日本国民の過去の実績だけから、楽観的にはその解決能力の存在を充分うかがわせるものがあるにしても、より具体的にその能力の特徴や、現実の国内外の環境条件との相関関係を分析し将来予測をしておくなどの点検作業は不可欠であろう。

4 原発事故の政府事故調査最終報告と「災後知増」

ウェルビーイングには知恵が必要である。知恵が増えることを本章では「知増」と呼ぶことにしよう。東日本大震災の結果、その後の一年半ばかりの間に、いわゆる「災後知増」が顕著である。とくに、それまで技術大国という相当な自信もあっただけに、福島第一原発事故の惨状を目のあたりにして、専門技術者を含めて国内外が根底から大きな動揺を感じたはずである。政府の事故調査・検証委員会は、一年以上にわたって計七七一人からヒアリング（一四七九時間）を行い、その結果をまとめて最終報告として公表した（二〇一二年七月二三日）。この報告以外にも、国会事故調、民間事故調、東電社内事故調等の報告も行われているが、要するに、災後知増の本格的な事例であり、明治初期の先進国調査と同様な衝撃を今後の政策にもたらすかもしれない。

政府が公表した本技術レポートは、国内のみならず海外の多数の人びとからも、今後極めて有力な資料として頻繁に引用され続けるに違いない。福島第一原発および第二原発について、すべての原子炉およびその関連全設備における損傷状況とそれを裏づける計測データ、さらにマグニチュード九・〇の史上最大級の地震発生時と続発した津波の来襲時における、現場の対応の詳細な記録が網羅され徹底的に分析されている。例えば福島第一原発と第二原発の比較検討などは、工学的に興味深いばかりでなく、広い分野にわたって貴重な教訓としてウェルビーイングを支える社会的安全インフラの建設に役立つであろう。

5 時間軸上でのウェルビーイングの学術的研究について

第2節でも述べたように、人類はモバイル性の魅力を感じているが、空間的にモバイルを考えるだけでなく、本節では時間におけるモバイルを考えてみる。現在ビーイング（present being）だけでは、アカデミックな視点からも必ずしもウェル（well）ではないはずである。時間軸上で、過去（past）と未来（future）のビーイングが可能なはずである。それぞれのビーイングに対応して、とりあえず現在と過去と未来の三つの「ビーイングする自分」を想定してみることにする。

一〇年ほど以前から「未来心理」という〝私造語〟を頻繁に使っているが、未だ存在しない未来ビーイング（future being）については、いわば未来心理だけが「予測的」に存在するのみといえるのではなかろうか。つまり、あえていえば、それは未確定な〝虚〟なる存在として対象になりうる（いささか無理な仮説という感がなくもないが）。前の二つのビーイングは、実の世界での現在あるいは過去における「確定した事実」に基づいている。しかも、ビーイングは文字どおり〝イング〟という現在進行的な本質を内包した動的存在感でもあるから、過去の記録（いわゆるアーカイブ）においては、本来最小限でも動画で音声付きであるのが理想であり、現在時点の現在ビーイングを扱う場合でも、時々刻々に変化する実態をできるだけ正確に捕捉しなければならないという感覚が強くなる。したがって、実世界ログ（参考文献・東京大学アンビエント社会基盤研究会実世界ログWG『実世界ログ―総記録技術が社会を変える』PHPパブリッシング、二〇一二年）の技術が相当進んだ段階になっていなかったので、トータルのビーイングとしてのウェルビーイングを研究することには多大の困難がともなっていた。幸いにして日本の場合には、最近のITの進歩によって必ずしも高度な専門的技術支援がなくても、つまり多くの人びとにとって「実験的にトータルなビーイングについて実証的研究をすること」が比較的容易になってきた。このように、ようやく方法論的な準備条件が整った今日、日本においてウェルビーイングを論じることは、たしかに時機に適している。

一九八〇年代初頭に、日本では家庭用ＶＴＲの普及が進んでいた。例えば、一九八三年一〇月から筆者がＮＨＫの教育テレビ番組で毎週連続放映していた市民大学講座「技術文明と人間」のビデオテープカセット録画二十余本が今日手元に残っている。さらに、放送開始前から、放映内容を活字にしたＮＨＫ出版のテキストブックも紙媒体として全国に販売されていた。つまり一九八三年の放送という電波メディアに加えて、テキストブックという紙メディア、そしてビデオカセットという電子記録メディアの三つのメディアが揃って存在したわけである。二〇一二年現在、テキストとビデオカセットの二つの記録メディアを再びはたらかせてみる（リプレイ）と、五三歳であった当時の筆者自身と、八二歳の自分自身が、二九年の歳月を隔てて対面することになり、過去ビーイングと現在ビーイングの連結モデルを、つぶさに実体験できたのである。もちろん、現在の筆者はｉＰａｄを手にしており、ＩＴレベルでは過去との格段の差をもつ非対称な関係ではあるが、生物学的には（ＤＮＡでは）同一の個体であって不変で継続的な物質的構造が存在しており、単一の個体の加齢（aging）プロセスにほかならない。この加齢に拮抗する同一性という不変の関係性を前提にすれば、時間軸上に一本の線分が設定でき、その両端に五三歳の自分と八二歳の自分という同一人の二者の位置が確定できる。まさに、二〇世紀中頃に提唱された「関係性が存在を規定する」という考え方の一つの典型的事例であろう。もちろん昔撮った自分の写真を見るという程度の事例は、以前からごくありふれた日常的体験であったが、そのレベルと比較すれば、最近のビデオ録画再生におけるビビッドなディスプレイ性能は圧倒的迫力をもっている。つまり、いわゆるヒューマン・インターフェイスの飛躍的改善が進行しており、その影響がこの一～二年で急拡大している点に改めて注目する必要がある。その結果、どのような変化が生じたかについては、iPadに代表されるタブレット情報端末の最近の爆発的普及がもたらしたビジネスモデルのパラダイム・シフトという、IT産業における地殻変動を例示できる。

6 スマホ・タブレット・カルチャーのビジネスモデル

スマホ・タブレット・カルチャーによって引き起こされたIT産業ビジネスモデルへの影響について、その概要をまず説明しよう。

iPhoneに代表されるスマートフォン（スマホと略す）が携帯電話の主力になり、iPadに代表されるタブレット端末がPCに置き換わってきた最近の急激な普及によってもたらされる変化は、スマホ・タブレットが牽引する新しい生活様式、いわゆるニューカルチャーの誕生にほかならない。そうだとすれば、携帯電話やPCなどはオールドカルチャーということになるが、その新旧を分かつ相違点とは、本質的に何であるのか。ニューカルチャーの本質をその使われ方から探ってみると、まず、ノートブック型PCが使用できる場所柄は、タブレットに比べてかなり狭い。つまり、使用される環境になじむかどうかの差である。なじまない場合が多ければ、その分だけ使用頻度や使用時間は少なくなる。スマホ・タブレットから提供されるサービスは多種多様かつ高品質であるから、日常生活をより幅広くカバーすることができる。その結果、使用時間合計も長くなり、インターネット経由で交信する情報量も予想以上に増える。アップル（Apple）社が保有するiPad用ソフトウェア（アプリケーション・ソフトウェア、略称アプリ）の本数は、二〇一〇年一年間で六万本から二〇万本へと約三倍増にもなっている。これは、ユーザーの関心の高さつまりタブレット市場の活況を示す数字であるばかりでなく、iPadが誘発したユーザーの知的生産能力の向上の証でもあり、タブレット応用の新分野を開拓しようとする多数ユーザーの創意工夫が並大抵でないことを浮き彫りにしている。一種の〝ユーザー・イノベーション〟の先行指標だとも考えられよう。同時に、それは従来のPC自体の役割に対しても、何らかの変革を迫る圧力として作用していく可能性がある。

PC時代の幕開けの頃（一九八一年）、マイクロソフト社は、IBMが発売したパソコンにOS（基本ソフトウェア）を供給し始めたのを皮切りに、多くのパソコンメーカーにOSを販売し、そのシェアは九割を超える独占的な地位を築いてきた。在庫リスクがないソフトウェア製品に特化して、ソフトウェアの標準を握って高収益をあげた。同社は二〇一二年六月一八日、ハードウェアまで自社で開発した自社ブランドのタブレット「サーフェス」を年内に売り出すと発表した。実に三二年目にして、パソコンメーカーと明確に分担してソフトウェア専業に徹してきた分業体制を放棄した。

マイクロソフト社がこのようなビジネスモデルの激変を迫られた背景には、日常生活にITが浸透し尽くし、製品やサービスへの要求水準を高めてきた個人ユーザーの巨大な存在がある。つい最近まで、最新ITはまず企業ユーザーから始まり、その後で安価な簡易版の技術がようやく個人の手に渡るという流れが定着していたが、今やイノベーションの最前線には個人が立っている。二一世紀の新たなサービス提供の潮流は、例えばグーグルの検索、ユーチューブ（YouTube）の動画共有、フェイスブック（Facebook）の交流サイトなど、いずれも個人ユーザーの強い支持によって爆発的に普及が進んだ。このような強力なコンシューマーの選択力は、端末に対しても同様にはたらいており、個人ユーザーを惹きつける魅力がないとヒットしない。企業ユーザーの場合の決め手になった「低価格」や「多機能化」だけでは不足であり、インターフェイスのスムーズな操作性や斬新なデザイン等が要求される。これは、上記のユーザー・イノベーションと軌を一にしたコンシューマー革命とも呼ばれる構造的な変化であり、それに適応して最も成功したのは、スティーブ・ジョブズのアップル社であった。彼は生前「ユーザーが便利なように、アップルは統合モデルに注力する」と語ったという。つまり、分業ではなく、ハードもソフトもコンテンツ配信などのサービスまでも一体化して開発する統合のビジネスモデルである。

しかし、工場を持たないビジネスモデルであるから、ある意味では部品を外注に頼るユーザーに近い立場にいることにもなる。それには近年のアジアの部品産業が持ち出した強力な生産能力が前提条件になっている。まさにグローバル化による相互依存の結果である。二〇一一年四月のｉＰａｄの市場占有率は六割を超えるアップル社以外にも、この新しいビジネスモデルにならって市場参入が続出し、それぞれ自社ブランドのタブレットを投入しようとしている。

その結果、新製品の熾烈な開発競争と、個人ユーザーの動向をいかに早く的確に捉えるかが重要になる。少子高齢化の社会では、若年層のみならず高年齢層の動向も問題になろう。したがって、タブレットカルチャーがウェルビーイングともどのように影響し合うかに関心が高まるはずである。前述したように、タブレット端末におけるヒューマン・インターフェイスの問題は、学問的にも極めて重要であるが、とくに高齢者のウェルビーイングにおける産業面での反応にも研究の機運が高まろう。

7 おわりに――ウェルビーイングという〝新大陸〟

ウェルビーイングというテーマの選定には、編集部（『生存科学』編集部）でも多少の迷いがあったようにもれきいたが、その理由はこの問題が真に新しかったからであろう。つまり、完全に成熟した問題内容ではないが、実質的には概ね固まってきている状態であり、一方、その重要性は明らかであったためと思われる。まさに、人類の技術文明が二〇一一年三月一一日以降、その流れの方向を大きく回頭しつつあることは、第4節でも述べたとおりである。しかも、その回頭後新しい方向に現われるフロンティアは、おそらく、何世紀ぶりかの〝新大陸発見〟スケールのものではなかろうか。その中心的部分がウェルビーイングという言葉で表現されているのかもしれない。

第5章 「大災害」に生き方を学べ
――クラウド・VR・ARが拓く未来

1 はじめに――「病むということ」を糧として

本章は元来「病むということ」を標題にいただいた特集（『生存科学』二二巻A、二〇一一年九月収載）に寄稿した一文であった。「病む」ではなく「病むということ」であるのは、おそらく病気そのものの領域、例えば伝統的な医学などよりも、さらに外側に拡がった多様な対象領域をイメージした結果ではないかと推測する。したがって、最初に本章で扱うのは、ｉＰｈｏｎｅを代表とするスマートフォンと、ｉＰａｄを代表とするタブレット通信端末によって、最近、急激に開拓され始めた最も二一世紀らしいＩＴ（情報技術）分野であり、そこで生まれる生き方こそが、特集の標題に深くつながると考えたからである。折しも、東日本大震災と原発事故に、日本は動揺を極めている。これも国家レベルのシステムが病むということの典型的事例であると考えれば、文字どおり未曾有の大病であり、それも劇症型の急性疾患に罹病しているとみなすことができる。物質的な国力の損失は巨額に達するが、一方、ＩＴの実用上で生まれてくる数多くの教訓を、十分に知的な分析や研究の対象として活用すれば、むしろ禍を転じて二一世紀に知的大発展をする礎石になる可能性もある。したがって、「病むということ」は、時に叡知を産む糧であるかもしれない。

2　東日本大震災後の「災後知増」

東日本大震災の津波が桁外れの大きさであったことはもちろんであるが、徹底的な避難訓練（モバイル能力向上）を繰り返していた釜石市の小中学校（比較的海岸に近い）の例ではほぼ全員無事という奇跡的結果を得たことはまことにショッキングである。本年の三月一一日午後二時四六分、東日本を襲った超大型震災が残していった、この実例に驚きを隠せない。この例に限らず、震災の後に貴重な教訓が数多く残されており、御厨貴教授（東京大学）が「戦後」と対比して名づけられた「災後」という呼び方を援用すれば、「災後知増」とでもいえるような現象が生じている。もっとも、厳密には本稿執筆中（二〇一一年初夏）も余震の頻発と原発事故未解決の状態が続いているので、むしろ災後よりも「災中」の方が正確かもしれない。いずれにせよ、災後の問題を扱う必要に迫られるのは明らかであるから、本章では専ら「災後」を用いることにする。

国内ばかりではなく、世界全体に三月一一日の「津波」映像や福島原発事故映像の衝撃はたちまち行きわたり、その影響力はおそらく二〇〇一年九月一一日の世界貿易センター崩壊の映像に匹敵するであろう。人類全体に対して極めて重要な課題を提示したともいえる。さて、冒頭に述べた例は、インターネットから得たニュースである。もちろん、ネットワーク経由以外に友人との会話の中で直接耳にすることやテレビ放映の場合もある。少なくとも、二〇一一年に情報収集のチャンネルは急激に増えたことは事実である。「ツイッター（Twitter）」はその代表例である。災前に比べて、まだ災中ではあるが、現在までのＮＨＫ教育テレビにおける変化をみても、ツイッターの決定的な影響が際立っている。

3 テレビからツイッターへの災後知増

当初は一九九五年阪神大震災の前例どおりに、被災者の安否情報を放送していたＮＨＫ教育テレビは、三月二三日放送総局長の会見で災害時の教育テレビの役割を局内で再考し始めたことを明らかにした。震災発生直後から安否情報を、逐一、個人からのメッセージとともに読み上げ始め、一六日からは避難者名簿も加えていた。阪神大震災当時にはなかった「ツイッター」が、国内利用者数一六〇〇万人以上にもなっている状況下（他にもミクシィ〔Mixi〕やフェイスブック〔Facebook〕などが加わり二〇〇〇万～三〇〇〇万人との推定）、個人が常用しているツイッターで自分に必要な情報だけを収集する動きが活発になった。対照的に、常に画面を見つめ聞き耳を立てていなければ、自分に必要な情報を入手できないテレビの不便さが浮き彫りになった。

要するに、ツイッターは発受信ともに、微分的（局所のミクロ情報に焦点）であるのに対して、テレビは積分的（全体を総計したマクロな視点）であり、逆方向の思考過程であるとも解釈できる。ＮＨＫは途中から検索大手グーグル（Google）の安否情報サイト「パーソンファインダー」への情報提供に踏み切った。テレビでは不得手の避難者名簿の検索サービスも可能になり、結局教育テレビでの従来方式の放送は打ち切られた。要するに、「今後は、検索した方が利用者に便利な情報提供はネットを使うサービスにゆだねる。一方、手話や外国語ニュースなど、いわゆる災害弱者向けサービスが教育テレビの存在意義である」と放送総局長は強調している。たしかに発端は、災中という特殊な条件下で起きた応急措置に相違ないが、おそらくテレビとネット・サービスとの相互役割分担、いわば微分型と積分型両方を使い分ける知恵を人類は獲得したのである。これは、ごく自然に災後に定着していくのではあるまいか。「災後知増」の一例である。

4 「ユーザー・イノベーション」と災後知増

地震発生直後から、避難場所通知や帰宅難民誘導、各種情報の共有、デマ拡散防止などがボランティア活動として活発に行われた。その中心がツイッターであり、例えばＮＨＫのテレビ放送を受信できない地域に住む人びとが、インターネットの動画サイト〈ユーチューブ〔YouTube〕など〉へアクセスすれば、ＮＨＫがテレビ放映していた津波映像を視ることができた。ツイッター経由でユーチューブにそのようなビデオが上っていることを知った何万人もの人びとが恩恵を受けけた。しかも、最初にそれを実行したのは遙か遠隔地にいた中学生だったという。いわば、中学生が積分型テレビメディアを微分型ネットワークであるツイッターに津波映像〈その時最も必要だった直前の情報内容〉を直結することを思いついて、ユーザーの一人として早速自ら実行した。

これは、最近「ユーザー・イノベーション」と呼ばれているインターネット特有の新動向であり、従来の「メーカー・イノベーション」中心のやり方ではなく、ユーザーが自らのニーズに応じて情報内容〈コンテンツ〉を選択し、それを表現する手段〈何と何を組み合わせるかという〉も選択する自由度を使いこなす段階にまで成熟したこと〈地方在住の少年の先行例に続いてＮＨＫ自体のネット配信も始まった）を示している。もちろん、メーカー・イノベーションの内発的な成功例も少なくない（例えば、ホンダはじめ四社とグーグルとが共同開発した通行可能な道路マップ。毎日更新。グーグルマップ形式でネット上に三月一四日無償公開。その利点はパソコン以外にスマートフォンや携帯電話でも閲覧可能。ツイッターなどを通じて瞬く間に拡がる）。

5 モバイル能力とツイッターの活用

この東日本大震災の実例で、災後知増の観点から見て明らかになった共通の要素は、モバイル能力とツイッターの活用である。第2節冒頭の釜石市の小中学校の例では、モバイル能力の向上の目的が単に運動スピードの高速化だけではないことに留意しなければならない。つまり、もしマニュアルどおりの固定的プログラムで満足していたならば、避難生徒が全滅する危険があったのである（避難が予定されていた場所は大津波で水没した）。彼らは、学校を脱出して避難した予定避難場所が危険になることを現場の様子から予感すると、そこから再び脱出してマニュアルにはなかったより高所へ、津波到着の三〇秒前に移動して全員無事だった。マニュアルにも、「過信と束縛」に陥るという本質的危険が潜んでいる。

要するに、現場でマニュアルを使うとき、その限界が現実の進展につれて露呈されるや、即刻マニュアルに束縛されないように切り換えねばならない。現実の世界で行動すれば、身辺には時間とともにダイナミックに変わる微分的ミクロ情報が充満している。想定外の微分的データが入手された時、ためらうことなく積分値（マクロ情報を表示したマニュアル）を改訂するのは当然といえば当然である。例えば、上述のホンダの通行可能道路マップの作成には、実際に走行した過去（直近）のカーナビ・ユーザーの実データの蓄積（積分値）が使用されている。ユーザーはカーナビを利用すると同時に、毎日更新されるマップ修正情報の入力作業者でもある。つまり、マップと現実との突き合わせのリアルタイム作業をする多数のユーザーにとっては、釜石市の少年たちのように必要に応じてマニュアルの束縛を超える高度なモバイル能力が要求され、それをほとんど意識せずに常時培っていることにほかならない。そのような仕組みの中で、ツイッターが果たしている役割は、インターネットの中の通行可能道路マップの存在と、現地での刻々の変化（「ナウ」と表現される）に対するその有効性の評価を多数の利用者に迅速に伝えることである。

要するに、ユーザー・イノベーションは、メーカー・イノベーションの成立を支え、その普及を促進する隠れた、しかし必須の存在である。両者は「ユーザー・メーカー・コ・イノベーション」（略称ユメコイ）とでもいうようなシナジェティックな関係であることが理想である。さらに、東日本大震災によって明らかになったのは、ツイッターの災害時の有効性を認める論調が多数を占めたことである。携帯電話を含めて音声回線が輻輳（ふくそう）し、携帯メールも届かないときにも、スマートフォンを使ったツイッターは利用可能だったことを、多くの利用者は試行錯誤を重ねる中で、一種のユーザー・イノベーション的に経験した。地方新聞（たとえば河北新報のように）では、積極的にツイッターを使って記事を流した例もあるという（マスコミ側のメーカー・イノベーション的な行動）。まさに災後知増で「ユメコイ」への第一歩も確実に踏み出された。ちなみに、東日本大震災発生の翌日一二日夕方、携帯電話の基地局の発信電波停止が、最大一万三〇〇〇にも及んだという。その原因としては、地震と津波の直接的被害は約一割にすぎず、ほとんどが、停電の影響による予備電源涸渇で、その復旧に手間取ったのが実状である。

それらの経験から、従来、企業は全員が持ち歩く携帯電話を緊急連絡体制の要としていた方式を改め、通話による安否確認の優先度は降格させ、替わって「ツイッター」、「メール」、「電話」という新しい優先順序に変更したり、ＩＰ電話サービス「スカイプ」の採用も試みている。また、グーグルのインターネット安否確認サービス（パーソンファインダー）を活用するなど、広く工夫が加えられて災後知増の実は着実にあがってきている。

6　緊急時の生存に要求されるツイッター

そもそも、ツイッターは一四〇文字以内のメッセージを送受する簡易ブログと紹介されることが多い。二〇〇六年三月一二日、最初のツイート（つぶやき）がなされて以来、ちょうど五年後の二〇一一年現在、世界中で二億人による毎日一億四〇〇〇万ツイートが行われている。二〇〇七年頃は、まだ一日せいぜい五〇〇〇ツイートという低迷状態が続いていた。実は、筆者も二〇〇六年夏頃早速新登場のツイッターをテストしてみたが、その真価がわからず一応様子見の状態であった。転機は、「ハドソン川に旅客機、ナウ。私が乗っているフェリーが救出に直行中。クレイジー」という歴史的ツイートであった。これこそ、「ハドソン川の奇跡」と呼ばれるようになったUSエアウェイズ機の不時着を世界へ最初に伝えたツイートの大手柄となった。現場からの「ナウ」が持ち味のツイッターの劇的なデビューは、エマージェンシー（緊急事態）だった。したがって、今、災後知増のトップにあげられるのも当然かもしれない。筆者自身も、その頃ようやく在来型の「広報」とは逆の「狭報」の必要性を感じていたので、ハッと気づいた。さらに半年余り後に、歌手マイケル・ジャクソンの葬儀で当時の最高記録毎秒四五六ツイートが出た。当時は平均して毎秒一六〇〇ツイートである。ツイッター社の社員数も二〇～三〇人が長く続いたが、二〇一一年現在は三五〇人である。

世界で五〇億人の携帯電話加入者、二〇億人のインターネット・ユーザーの市場で、一〇年後のツイッター・ユーザーは、モバイル・ライフであろうとツイッター社は予測している。いみじくも上述の、モバイル能力とツイッターの活用という東日本大震災の災後知増の二要素と一致している。すでに、日本では多くのサービスが携帯電話を前提にしている。次は、国民全部がスマートフォンやタブレット端末をもっている前提にまで格上げした社会基盤の改築（フィンランドのネット接続権も念頭に）を提唱する声も耳にする。仮に、近未来にツイッター社の予測どおり全世界へそのような情報環境が拡がった場合、ライフスタイルの質的変化は不可避であり、それに対応して病むということも大きく変わるはずである。

7 ヒューマン・インターフェイスの改善

鉄砲伝来の例でも受け入れ側（例えば明代中国と戦国時代の日本）の差によって、その影響はまったく異なる。この画期的マシン〝鉄砲〟に匹敵する現在のスマートフォン・タブレット端末の登場においても、おそらく受け入れ側の差異が予想以上にその事後に及ぼす影響力を大きく左右すると思われる。つまり、ユーザーの能力差とか、〝使い手目線〟の認識などといわれる問題に遭遇する。真っ先に、利用者の年齢が最も支配的要因ではないかと予想されるが、むしろ同一年齢層内の個人差の方が効いていることが少なくない。また、健康者と病弱者の間でも、案外、両者の利用成果には本質的影響がなく、つまりハンディキャップ解消（equality）の方向への動きを促す効果も見られる。

要するに、ヒューマン・インターフェイスに関する限り、紙中心のシステムに比較して、スマートフォンやタブレット端末を使えば、紙がもっていた各種の制約から一挙に解放され、新しい自由度が大幅に追加された生活へ移行できる。例えば、タッチパネル表示面の操作一つをとってみても、従来のキーボード操作と異なり、指先の触覚や筋肉の一連の運動記憶までが、まず、利用者の脳神経回路網の中に一定のパタンとして創出される。次に、その操作が反復されてパタンが強化されながら累積し凝縮過程を経て、ついに一種の定着現象を惹起する。そのようなプロセスが、最近の脳科学の知見（脳の可塑性）を基にして類推される。そのプロセスと並列して、タッチパネル表示内容が入力操作に対して素早く変化していくことによって発生する視覚情報が脳へフィードバックされてくる。これが上記の定着現象のプロセスとつながって協働が始まれば、タッチパネル操作にともなう情報ループ回路が形成されることになる。結局、一種の対話的メカニズムが持続される。さらに、キーボード入力において表示面上の位置を指定したり、表示映像の特定部分の拡大（ズーム）を望む場合には、従来は専らカーソルなどのかなり面倒な手続きに頼っていたが、タッチパネル上では直接指先を表示映像上に触れながら位置指定や拡大指示が可能である。いわば、直観的なトポロジー（位相数学）的表現を全面的に入力操作の手続きへ導入できたことにより、飛躍的に対話的メカニズムの性能が向上し、ヒューマン・インターフェイスのハードルが低くなり、確実に紙以外の新しい選択肢が実用化できた。

もちろん、パソコンがすべてスマートフォンやタブレット端末に置き替わるわけではない。しかし、これらが共存する時代はすでに始まっている。従来のパソコンだけでは対応できなかった多くの機能がＩＴ社会に加わり、その分人類の「生き方」がより多様化してきた。例えば、インターネット検索はｉＰａｄ（アップル社製の代表的タブレット端末）で、古い資料はパソコンから引っ張り出して使っているという作家（六四歳）の例もある。一〇〇〇冊以上を記憶させたｉＰａｄを常時持ち歩き、書庫から重い紙の本を探し出してくる苦労から解放された「生き方」の快適さも紹介されている。二〇一〇年は、いわゆる「電子書籍元年」といわれ、読書にも適した多用途タブレット端末（他に読書専用型もある）も次々と登場した。

8　災後知増により新就業形態へシフト

東日本大震災を契機として新就業形態へのシフトが起こる気配がある。災前からＢＣＭ／ＢＣＰ（ＢＣはBusiness Continuity、ＭはManagement、ＰはPlan の略）が強調されていたが、皮肉にも災中の緊急避難的な在宅待機が、インターネット（とくに高速化したブロードバンド通信可能）の普及を背景にして、遠隔協力作業に対するユーザー・イノベーション的挑戦と試行のチャンスを与え、災後の恒久的新システムへの移行可能性を考えるきっかけを作った。その成否を左右するのは、災前の準備ないし予備実験の有無である。二〇一一年はまだ、災中で時期尚早かもしれないが、企業によっては何らかの災後への布石を打っておき、このような非常事態でなければ許されない大胆な試行錯誤を敢行しようという底意もあるようだ。これも災後知増の一類型であろう。また、たまに就床状態の時もあるが、比較的軽症の病人の場合、今回の地震とは無関係に在宅就業の予備実験的な試行を先行させてきた例もある。結論的には、業種にもよるけれども、それらの実験の観察結果は、十分肯定的である。なかんずく、クラウド・コンピューティング利用の効果は大きく、コストダウンが著しく実用化を促進できよう。東日本大震災でＩＢＭは地震発生の四分後から、組織的活動を開始させていたと聞くが、とりわけクラウド・コンピューティング・サービスの無料提供を発表して注目された。

9 クラウド・コンピューティング登場の経緯

クラウド・コンピューティングとは、二〇〇六年八月に米国グーグル社（インターネット内の検索サービスを行ない、ネット広告を収益源とする巨大企業）のＣＥＯ（最高経営責任者）エリック・シュミット氏が「サーチエンジン戦略会議」（米カリフォルニア州で開催）のスピーチの中で使った有名な言葉である。すなわち、「雲（クラウド）」のような、巨大なインターネットにアクセスさえすれば、アクセス手段がパソコンであれ、携帯電話であれ、たとえ端末の能力が小さくても極めて大きな利便が得られる時代がついに到来したという洞察が多くの人びとの共感を呼び、それを象徴するキーワードが、クラウド・コンピューティングであった。その特徴は、具体的にいえばサーバー機能をネット経由で貸し出すデータセンター事業である。ルーツはすでに一九六〇年代大型コンピュータ中心の時代に、例えばジョン・マッカーシー（一九二七―二〇一一、スタンフォード大学教授、人工知能の提唱でも有名）などによって「ユーティリティ・コンピューティング」構想（水道や電気などの公共サービスをモデルにした情報処理共同化）として注目されたこともあったが、当時はまだ高速情報ネットワークの出現以前であったことが災いして結局実現には至らず、むしろ一九七〇年代のパソコンの登場による分散処理の方向へ転じていった。そして、一九九〇年代のインターネットの普及を背景にして改めて、サポートコストや設備投資の低減つまりユーティリティ・コンピューティング構想の新バージョンとして再浮上の方向へと時代の流れは転換していった。

結局、ブロードバンドとモバイルという二つの技術革新が揃って、ようやくクラウド・コンピューティングを実用化する決め手になりえたのである。まずブロードバンドに関しては、日本では二〇〇〇年に政府が「IT戦略会議（首相が議長）」を設置して「五年以内に世界でトップクラス」になるという国家計画を立て、それを正確に実行して予定より早く目標は達成され、二〇〇七年には韓国を抜いて世界首位の座に着くことができた。さらに、現在でもLTE（Long Term Evolutionの略、携帯電話の通信規格）など次世代の高速通信回線化つまりブロードバンド化の路線は着実に続行中である。一方、モバイルに関しては、携帯電話で世界に先駆けて第三世代への移行を果たし、ガラパゴス化と揶揄されるほど（その結果、海外進出は失敗）の過剰なまでの技術進化を遂げていた。このように、二〇〇六年にはクラウド・コンピューティングへの準備は、概ね整っていたはずなのだが、二〇〇七年のiPhone（スマートフォンの先頭を切ったアップル社製）の登場に対して、後れをとってしまった。おそらく、その理由はシュミット講演が投げかけた「クラウド・コンピューティング」という基本概念がもつ歴史的意義に対する受信感度と即応性が、必ずしも十分でなかったからかもしれない。その結果、例えば、格段に優れた操作性（iPhoneのタッチパネルなど）や、従来の作り手目線から使い手（ユーザー）目線へのシフトなど、クラウド以後に比重を増してきた評価項目への企業の取り組みが出遅れた。といっても、遅れ自体の時間はそれほど長い時間だったわけではなかったが、時代の流れの方があまりにも速すぎたために先行企業間との競争上での不利はまぬがれなかった。

10 クラウド・コンピューティングと市場競争

二〇一一年になると、クラウドの採否はＩＴ企業いずれにとっても浮沈に関わる大問題となってきた。米ヒューレット・パッカード（Hewlett-Packard、略称ＨＰ）といえば、米シリコンバレーの伝説的な源流企業であり、売上高で世界のＩＴ企業の首位に立つ、いわばハイテク分野で名門中の名門の名を欲しいままにしている。そのＨＰのＣＥＯレオ・アポテカー氏は、中期事業戦略を発表（三月一四日）したが、彼はその日前年一一月の着任以来初めて公の場に登場したことでもメディアの注目を集めた。それ以上に注目された点は、彼の打ち出した戦略の内容そのものであり、二〇一二年までに法人や個人が対象のクラウド・サービスに参入するという説明に多くの時間を割いたことであった。「顧客の間でクラウドに対するニーズが高まってきた」とクラウド市場の拡大に言及するとともに、ＨＰがクラウドの基幹部品（サーバーやネットワーク機器など）をすでに独自に手がけておりノウハウの蓄積もあると強調したのである。一方、クラウド・サービスの市場には先行する強力なライバル企業群が鎬を削っている。例えば、近年攻勢を強めている米アマゾン社（Amazon.com）のクラウド・サービスは、多くのベンチャー企業（ツイッターなど）が使っている。アマゾン社のＣＥＯジェフ・ベゾス氏によれば「クラウドの将来性はインターネット販売と同規模の事業に成長する」という。このように、クラウドがＩＴ業界の一大潮流であることは衆目の一致するところであるが、クラウド化の影響する各対象分野は各々どのように変化するのであろうか。次節で述べるように、トヨタ自動車と米マイクロソフト（Microsoft、略称ＭＳ）の提携が発表（二〇一一年三月六日）されて、グローバル市場の競争は一層熱気を帯びている。

11　クラウドを実現する「場」の拡大

クラウド・コンピューティングを実社会で展開する場合、どのような場所（職場、住居、病院、学校など）が対象になるかによって、具体的に各々の特性に適した多様な対処方法を工夫することが必要である。例えばスマートフォンやタブレット端末が将来十分に普及して、日常的に使いこなされている「近未来生活」を想定した場合、多数の選択肢から最適なものへ焦点を絞ることが必要であろう。前述のとおり、二〇〇六年八月のシュミットの講演が生み出したキーワード「クラウド・コンピューティング」は、一年後にハードウェアとして米アップル社製「ｉＰｈｏｎｅ」と、四年後に「ｉＰａｄ」の登場によって、ネットワークとの極めて円滑な接続が実現し、同時にモバイル能力に十分対応できる、ＩＴ分野における一つの典型的方式が確立した。いわゆる、スマートフォンとタブレット端末方式こそが、クラウド・コンピューティングがもたらす巨大な潜在的市場ニーズへ向けた導火線の役割を果たした。

次に、当然多数の魅力的ソフトウェアの出現が期待された。ついに、二〇一〇年その期待が満たされた。例えば、「ツイッター」が典型である。一年足らずの間に利用者（国内）が一〇〇〇万人も爆発的に増加した。ツイッター社はアマゾン社のクラウド・コンピューティングのデータセンターを使うことによって急成長した、米国を代表するベンチャー企業の代表的な成功事例である。かくして、クラウド概念は、その後の四年間で具体的成功事例に裏打ちされた強力な社会常識として根づいたと考えられる。その常識が改革の共通基盤となって、今や職場や住居や病院などを本格的なクラウド対応の新しい場所として生まれ変わらせる原動力となった。

また、前節で予告したとおり、トヨタ自動車と米ＭＳ社が公式発表（三月六日付）した提携は、業界をまたぐ新しい時代の幕開けを告げるものとして注目を集めている。トヨタは、二〇一二年市販予定の電気自動車（ＥＶ）やプラグイン・ハイブリッド車（ＰＨＶ）向けに、車内での地図情報・交通情報などの入手可能、さらに住宅内の暖房・照明など家電製品の遠隔操作、車外から高機能携帯電話（スマートフォン）で車の充電や故障の状態が確認可能なサービスを提供するが、そのためにインターネット経由で各種ソフトウェア機能を使えるＭＳのクラウド・コンピューティング技術「Azure」を採用するという。トヨタはこの技術を、二〇一五年までに同社の全車種向けに拡大したいと表明している。また、トヨタは利用者自身の家庭と自動車のエネルギー消費量を収集・管理し、CO$_2$排出量の七五％削減を実現するスマートグリッド・システムの開発をめざすという。いわば、両社の提携は車載端末のインターネット接続（情報面）に加えて、車と住宅を結んで効率的電力利用を図る次世代電力網「スマートグリッド」（エネルギー面）との融合という新分野への挑戦である。

自動車と住宅や職場とを結びつけること（例えば、モバイル・オフィス）は、必ずしも新しい着想ではないが、今回はMSに象徴されるクラウド・コンピューティングの合流という新しい要素が加わっている。しかも、ブロードバンドとモバイルという二つの技術革新がクラウド実現の基盤であったことを想い起こせば、「情報量」移動の高速化（通信完了時間短縮）と、「物体」の空間的運動の高速化（到着時間短縮）との間には実用上密接な対応関係があることに気づく。つまり、この提携におけるトヨタのクラウド・コンピューティングとの関係は、スマートフォンやタブレット端末が自動車に変身し、さらに住宅や職場に置き換わったとみなすことができることを示唆している。この考え方は、従来のクラウドの定義（パソコンよりも小型で単純な携帯端末でも大きなサービスを享受できる）からかなり逸脱するから、「スーパー・クラウド」というような別称で呼ぶのがよいのかもしれない。

12 「MONHO」計画

クラウド・コンピューティングの実用化に関連して、とくに「スーパー・クラウド」を指導理念として、二〇〇七年七月以来、三年九カ月に及ぶ筆者自身の実体験の概略を以下に述べる。現段階までに、対象として主に体験してきた場所の種別は、専ら職場と住居であった。本章のテーマである「病むということ」への取り組みへも今後本格的に行なう予定であるが、一方では、本研究開始のかなり以前から、クラウド中心ではなかったが、従来方式のITを使用してではあるものの、医療・福祉・知的障害児などとの関係を勉強する研究会を二〇〇六年以来現在まで続けてきている。

職場と住居を対象とした旧来の在宅勤務型のモデルとしては、SOHO（Small Office Home Office）と称される計画が有名であった。SOHOで使う情報処理と通信の技術は、インターネット登場以前の相当古典的なものであり、現在のクラウド概念からはほど遠かった。したがって、SOHOはほとんど有線電話やファクシミリの域を出ないか、せいぜい初期のパソコン通信のイメージが強かった。もちろん、SOHOがもつプロトタイプ・モデルとしての功績は、たしかに一時代前のルーツとして歴史的存在価値をもっているし、現在のクラウドとSOHOとの違いを比較検討すれば、むしろ両者の理解を深めるのに役立つばかりでなく、研究上にも今後の進展を占うのに価値があるはずである。

二〇〇七年七月に、まず手はじめに職場と住居を主たる対象としたクラウド・コンピューティングの実用化を自ら実体験する目的で、具体的に都内の新築マンションの一室で準備に入った。この部屋の名称として、「ＭＯＮＨＯ」という作業用のコード名を選んだ（Mobile Office New Home Office の略称）。ＳＯＨＯに多少似ているのは、上記の歴史的配慮からである。ＭＯＮＨＯのＭは、モバイルがブロードバンドとともにクラウドを支えるＩＴの二大支柱であることを強調している。ＮはＳＯＨＯのＨＯと区別するためである。関係者に対してＭＯＮＨＯを説明するためには、当時米国で発売されたばかりのｉＰｈｏｎｅの実物を示して、「これをフルに活用できる部屋」であると説明した。ブロードバンドについては、部屋の設備工事に反映させることによって実現できた。

自動車はかねて「動くオフィス」と呼ばれることもあったが、最近は車内でスマートフォンやタブレット端末を使う人も増えてきた。車体に作り付けのカーナビゲーション装置でも、ｉＰｈｏｎｅに取り込まれたカーナビゲーション・ソフトウェア（つまりクラウド・コンピューティング）でも、ほとんど同じサービスが受けられる。後者の場合はモバイル能力の観点が強く意識されており、車体の設備の制約からは自由になり、その分当然コスト削減も大きい。前節の末尾で述べた「スーパー・クラウド」の概念が当てはまるから、通常の建造物の場合も、まったく同じ原理でハードウェアの設備などが不要になり、当然コストの低減化の効果がある上に、能力の伸縮自在性が顕著になる。トヨタのような自動車会社の立場に立つと、カーナビのソフトウェアの提供（ホンダの通行可能道路マップのソフト提供と同様）が新しい仕事になる。さらに、スマートフォンやタブレット端末を車内にどのように便利にかつ安全に設置できるかも重要課題になる。建物設計の場合も、無線のブロードバンド用アンテナなどの無線の通信環境への配慮が必要になる。

また、地震等の災害時や停電等への対応もMONHOの不可欠な機能である。上記の筆者自身のMONHO実験でも当初から地震計測システムと太陽光発電・充電システムを設備し、二四時間連続稼動させており、在室中にモニター画面を眺める生活が可能なばかりでなく、外出時は室内を撮影したビデオ映像をiPadからインターネットを介して遠隔モニターもできる。このようなMONHO実験を続けて、三年余り待った時点で、ついに三月一一日午後二時四六分の歴史的瞬間の地震波形をMONHO内で地震動に揺られながら眺めることに成功した（いわば、「MONHO初の感動」であった）。建物の震動も、微小の運動にほかならないから、特別なモバイル能力としてMONHOに含ませる考え方もできるかもしれない。

もともとMONHOのHはHomeの略（頭文字）として出発したのであるが、HospitalのHとも、Health のHとも読み替えることを許容すれば、一層便利なコード名となり有用性が増すと考えられる。これは単に、名称だけの問題にとどまらず実質的にも、将来とくに少子化・高齢化の進行に従い、家庭と職場とが、完全に健康なしかも専業の若年層だけで構成されるシステムが主力の座を従前どおり維持できるであろうか。少なくとも、軽症者とか障害者やパートタイマーの参加を前提にする方式を採用しなければ行き詰まることになろう。つまり、産業側からの変化の圧力と、新しい就業形態を希望する人びととの両面からの圧力が共存し、それをバランスよく組み合せていくようなMONHOが期待されるはずである。また、このようなより広範囲をカバーできるMONHOの存在によって、社会が影響され、さらに変化が進む。MONHOのMについても、SOHOに移動体通信（有線電話から携帯電話のような無線化）が加わったという点にだけ注目する狭義の立場を超える必要がある。Mはもちろんモバイルを意味している。これは、定位置のオフィスの否定であり、郵便物の輸送以外の情報伝達、例えば電子的メディア利用（プラス）空間的な位置と無関係な移動体の識別コードが中心となる世界である。その結果、就業構造が大きな影響を受けることは不可避である。

13 高齢化と「病むということ」

生存科学研究所にふさわしく「生存」という観点をベースに、ホモ・ファーベル（物づくりするヒト）がＩＴ（情報技術）を生存に不可欠なツールとする今後の生活の中で、「病むということ」を、まず人間自体の変化とりわけ年齢構成の面からも考えねばならない。人類史上、半世紀間に平均寿命の三〇年延長という驚異的「寿命革命」を達成した超高齢社会の日本が、二〇年後人口の三分の一が六五歳以上となり、その中でも七五歳以上の人口は倍増するシナリオが進行中であり、この将来像をＩＴに重ね合わせて「病むということ」を考えねばなるまい。例えば、二〇三〇年には四割の高齢者は一人暮らしになる予測値を見ると、ＩＴ利用の必要性とりわけ通信機能に対して改めて真剣にならざるをえない。

また、少子化によってもたらされるいわゆる労働生産人口の減少という経済活力の低下に対して、次のようなデータも知られている。現在は一四七〇万人の七五歳以上が三〇年後は、推計上二二六〇万人（全人口の五分の一）に増加する。しかも、八割は年相応に元気で、介護不要の生活の継続希望者であり、他の先進国に比べて何倍も就業率が高い。極端な例では、二〇一一年の東京マラソンの七〇歳以上の参加者は、三〇〇人弱（最高齢は八七歳）であった。また、快適な生活実現への投資力もあり、とくにネット購買力もパソコンやｉＰａｄを活用するＩＴ利用者層（宅配型サービスと連動が多い）が増え始めた。要するに、「病む」以前にまだまだ多くのポテンシャルが潜在するにもかかわらず、必ずしもその有効適切な発現機会に恵まれていない状況である。むしろ、現状のようにポテンシャルの有効活用を怠り続ければ、逆に経済活動全体への悪影響にとどまらず、個人の健康上へも悪影響が現われ、「病むということ」がマクロな国家的レベルよりも、専らミクロな現実の個人の疾病レベルに矮小化される危険が憂慮される。

最近、アカデミックな研究（たとえば東京大学高齢社会総合研究機構など）も始まっている。

14 仮想現実（VR）と医療

個人の疾病自体の表現も、ＩＴの進歩とともに変化が見られる。医療分野へ最初に本格的可視化技術として登場したのは、Ｘ線である。続いて、ＭＲＩ（磁気共鳴画像）や超音波映像や血管カテーテルや各種の内視鏡検査などが爆発的に普及して、今や画像診断は血液成分の化学的分析データとともに、完全に日常化した不可欠な診断手段となっている。約一世紀前には、人体の内部を生きたままの状態で見るためには、外科的な切開手術に依るほかなかった。つまり、可視光線を使って、肉眼で直視する世界に限られていた。もちろん、光線の伝播をレンズの屈折作用によって拡大像を結ばせて視る方法は相当古くから知られていた。顕微鏡下の外科手術（マイクロサージァリー）は、拡大像という一種の仮想的視野の中で、微調整できる特殊な操作器具の助けを借りた「非直視下・非直接」的な行為である。もっとも、外科の金属製メスにしても、高度な工業製品であるから、道具を使用しなかった原始的状態に比べれば、人工的であるし、手術室とその関連設備とて当然高度な工業的生産物である。したがって、X線やNMR（核磁気共鳴）が二〇世紀になって可視光線以外に使われ始めたことには、抵抗感はあるまい。

しかし、X線CTの登場の場合は、コンピュータを使った断層画像（Computed Tomography）の計算結果であるから、あまりにも非直視的で仮想的世界ではないかという危惧を抱いた向きがあったとしても無理はない。ところが現実には、臨床的な効果は絶大であり、急速にX線CT装置は普及してしまった。逆に、一般市民には、X線CT写真にせよ、MRIにせよ、患者として病院では見慣れているのに、一生涯「直視下」の経験をする機会はまずあるまい。つまり、仮想的な現実（Virtual Reality、略称VR）の方が事実先行的に俗世間にあふれ返ってしまった。一九八〇年代終わり頃、学会でも仮想現実（VR）というテーマが認知され、やがて正式に学会も誕生した。

15 VRからARへ

AR（Augmented Realityの略）とは、現実そのものに対して仮想現実（VR）が追加されることによって、より補強された現実つまりARが生まれ、その中に身を置くことを前提にした行動の方が概ね効果的であるという立場を表している。純粋に写実的に現実だけを表示するのは、数学に例をとれば、扱う数を実数だけに制限するのに似ている。当然、虚数を加えて複素数にまで拡大する方が優っている。二次方程式でも実数の解だけしか許容しないと解けないことが頻発する。したがって、複素数が近代数学では中心的存在となり、その結果、逆に複素数から見た実数と虚数の位置づけが明確に理解されるに至った。ARを複素数と対応させて考えると、従来の青壮年が圧倒的に多数を占め、かつ社会における諸活動でも完全に主勢力であった場合に有効であった解決方法（いわば実数だけに限定した方程式の扱い）が、高齢者が多くなる時代には無力化し、本質的にはARを基軸とする新しい情報社会（いわば複素数を駆使する近代数学的解法）への移行によってのみ解決可能である。したがって、ARは偶発的周辺的な課題ではなく必然的中心的存在である。

要するに、二一世紀の情報社会に生きる「生き方」を特徴づけるARの具体像とは何かを掘り下げなければならない。前節で述べた医療におけるVRの問題は、直視下の現物（いわば real reality）に生涯接しない多くの患者にとっては、VRにほかならない診断用画像も、医師にとっては極めて有用なARということになる。つまり、スーパー・クラウドにおけるモバイル・オフィス（自動車など）やMONHOなどのハードウェアは、クラウドを一種のVRとみなせば、ARであると解釈できる。結局、VRからARへのつながりの例としては、クラウドからスーパー・クラウドへの展開が好例として使えるであろう。

16 おわりに――ITがもたらす新しい「生き方」の枠組み

今や、ITは生存のための極めて強力な支援ツールである。それを実証するような日常体験にはこと欠かないが、例えば、東日本大震災においても、以前の災害と比べて格段に情報通信機能の重要性が再認識された。昔から使われてきた有線電話は、依然として一つの選択肢（少なくとも最低限を確保する）ではあるが、日本の場合のみならずほとんどあらゆる国で携帯電話機が今や完全に中心的存在になっている（世界全人口の約七割に普及）。いわゆる、モバイル型の無線通信ネットワークが、あらゆる分野へ浸透することによって人類の社会活動の拡大・発展に寄与するに至った。その結果、明らかに一つの新しい生活様式の枠組みが誕生した。本章では、その枠組みを活かした諸々の新しいタイプのＩＴがもたらす「生き方」を取り上げているが、二〇一一年にはスマートフォン（高機能携帯電話、代表的製品はｉＰｈｏｎｅ）が、パソコンを出荷台数で上回る。ｉＰｈｏｎｅの発売が二〇〇七年から始まったことを考えれば、パソコンの王座を追い抜いた速さは驚異的である。また、５Ｇなど次世代の高速無線通信サービスも着々と準備が整ってきた。

このようなダイナミックな環境変化を反映し、二〇一一年初頭には、スマートフォンに加えてさらに強力なタブレット通信端末（ｉＰａｄ２が代表例）が、情報ネットワークへの主要な入出力機器であった携帯電話機やパソコンなどに替わって、次世代の中心的な機器になり、クラウド・コンピューティングの時代になったということである。さらに、すでに、スマートフォンとタブレット端末を日常的に十分使いこなす生活をしている人びとが現実に登場し、このような具体例を研究してみると、二一世紀における「病むということ」がそのような「生き方」自体から多大の影響を受けていくことはほぼ確実である。

もちろん、二一世紀になっても少なくとも当初は二〇世紀と変わらない生活の部分が少なからず残存することも否定できない。しかし、今やスマートフォン・タブレット関連分野は、明らかに最も新製品登場速度の顕著な成長分野である。さらに、未来に向けて、スーパー・クラウドのフロンティアが有望視されてきた。前述のトヨタとＭＳ提携によるモバイル・省エネルギー・エこのシステムの例やＭＯＮＨＯにおける地震計測例にも見られるように、現行の気象台発表などの震度（積分的メジャー）のみならず、個別の場所の測定データ（微分的メジャー）が加えられることが望ましいとの専門家の示唆もある。クラウド・コンピューティングの普及を踏まえて、二一世紀の人材育成には、次の段階であるスーパー・クラウドを十分に加味したＯＲＴ（On the Risk Training の略、ＯＪＴの発展型）を推奨するとともに、その方面の一層の開拓努力を期待する。

第2部

21世紀の国土と人材

第6章 コミュニケーション網で貫け
——新幹線・リニアで描く「国土」

1 はじめに——災害からの安全

「国破れて山河あり」との詩句そのままに、戦災で故郷は一面の焼野原と化し、戦前の姿をとどめていたのは、山河のみであり、筆者（一九四五年当時一五歳）が敗戦まで在学していた陸軍幼年学校などは、残骸・跡地となってしまった。戦前からの建造物や機械設備等は爆撃されて焦土と化したといえども、国土そのものは存続し、太平洋戦争後の復興のほとんど唯一の足がかりになった。明治開国以前からの日本固有の領土が、戦勝国側など国際社会全般に認められ、敗戦の結果として占領下（occupied）ながら、引き揚げ軍人や邦人をほぼ収容できて、輸出貿易活動なども再開できた。国家危急存亡の時、自国民を収容できる領土まで喪失すれば、難民・流民発生の憂き目を見ることが避けられない。

平和であっても、安全な領土の保持には、天変地異への対策が不可欠である。例えば、筆者も学齢以前に、超大型台風「室戸台風」を経験し、八〇年後の今日でもその記憶は生々しい。大地震の体験に至っては、枚挙にいとまがない。

国土審議会会長（一九八八〜二〇〇一年）、や、首都機能移転審議会委員（一九九六〜二〇〇〇年）などで、行政面の統計的数字に加えて現地視察や専門家の意見聴取などの経験も重ねてきた。また、鹿島建設の顧問、東京電力の顧問、NTTドコモのモバイル社会研究所所長、東京海上研究所長などを経験し、災害からの国土保全に関連する記憶もかなり豊富に蓄積できた。

古来、治山治水は治世の要であり、二一世紀の日本列島にとっても、科学技術の応用対象として高い優先順位が与えられなければならない。現在では、台風接近の予測が、日常的に詳しく報道されて、スマートフォン（スマホと略す）で誰でも容易に視ることができるが、数十年前には夢物語であった。突然、巨大地震に襲われる恐怖と悲劇をなくし、減少させることは、地震頻発国日本の二一世紀の喫緊の課題ではあるまいか。そのためには、関連分野の粘り強い研究開発や地道な人材育成を重ねていかなければならない。すべての発展は、その上に初めて可能になるからである。

一八九五年レントゲンは、X線によって固体内部を透視できるという大発見（第一回ノーベル物理学賞受賞）をした。地球内部を高エネルギーのミューオンなどを使って透視しようという着想はかなり以前から提案されているが、未だに実用化・普及は難しい。

〝南海トラフ徹底監視〟という見出しで、マグニチュード（M）八級発生一〇〇～二〇〇年周期という警告が新聞紙面にも掲載された（『読売新聞』二〇一七年四月二日付、一四面のサイエンスView）。もし、南海トラフにM九・一級の巨大地震が起こった場合の被害想定としては、死者三二万三〇〇〇人（うち二三万人が津波による）、経済損失二二〇兆円とも記されている。歴史的にも、六八四年の白鳳（天武）地震以来、一九四四・四六年昭和東南海・南海地震に至る記録も示され、世界一の地震国であることが充分に理解できる。地図上にも、南海トラフの構成として、日向海域、土佐海域、室戸海域、熊野海域、遠州海域が黒潮の流れに沿って宮崎県沖から静岡県沖にかけて並んでいる。現在、地震予知をめざす主な三システムの図解も添えられている。いずれも海底の動きをいち早く探知するシステムである。

地震の観測データを、総合的に分析する理論が誕生の段階に達しつつある。例えば、一九九五年兵庫県南部地震（M六・九）いわゆる阪神淡路大震災の観測地震波形データからのイメージングに成功し、断層運動と断層の摩擦法則の関係をまとめた論文（一九九七年、井出ほか）が震源ダイナミクス研究者の必読文献になった。これを改良して、M一からM九（二〇一一年の東北沖地震）まで地震の破壊すべり成長のプロセスの普遍性が明らかになった。また、巨大津波の発生のメカニズムの解明と、海底地形調査で予想どおりの海底面変形が観察されている。さらに、

「ゆっくり地震」の研究でも沈みこむプレートの間の滑り現象であることを、データ分析で具体的に証拠が示され、研究者の必読文献として引用されている。社会的影響の大きい地震の場合は、一般向けの書籍も必要であり、井出哲著『絵でわかる地震の科学』（講談社、二〇一七年二月）は、最適の良書である。

2 国土におけるコミュニケーションと温故知新・温新知故ループの成立

国土には、隔たった位置の間のコミュニケーションの機能が不可欠である。視聴覚はもちろん、嗅覚や味覚の他にも、圧力・振動・温度・触の感覚や、加速度・平衡感覚が生物学的なコミュニケーションの手段として、進化の過程を経て登場してきた。例えば、カンブリア紀の「眼の誕生」では、進化史上〝カンブリア大爆発〟と特筆されるほど、多数の種を一気に出現させながら、大部分は自然淘汰されたという経過をたどったのは、かねて周知のことである。詳細は、アンドリュー・パーカーの「光スイッチ説」（邦訳が二〇〇六年、草思社から単行本『眼の誕生』として出版されており、丁寧な解説も付いている）を参照されたい。

ここで、強調したいのは、上記の生物学的コミュニケーションが、個体の空間運動機能へと拡大していく過程つまり捕食・逃避などのモバイル化への進化にシフトしていく点である。それは、光感受性でのコミュニケーション系統において、〝情報活動から運動エネルギーへ〟の典型的なシフトが、連動現象として、進化史上で実現したユニークな事例である。

二〇〇七年にｉＰｈｏｎｅが登場し、人類にいわゆるスマホ革命をもたらしたのと、まったく同じ〝情報↓運動〟の連動型プロセスパターンが、進化史上で太古にも存在しており、現在の経験を過去へ投射して理解の助けにできるという極めて貴重な研究手法の事例にほかならない。とりわけ強調したい点は、このような思考過程は、いわば〝温新知故〟とでも呼ぶことができる事例ではないか。全員がスマホ・モバイル化を体験している二一世紀の現在、なぜパーカー提唱の「光スイッチ説」がにわかに説得力を増したのか。その理由は、おそらく二一世紀に生活する人びとにとっては、自らの日常体験に基づくスマホ・モバイルにおける情報↓運動の思考パターンがまったく当たり前になり始めてきたからではあるまいか。要するに、カンブリア紀における進化の大爆発と、今日の全員スマホ・モバイル化の本質が同根であると、二一世紀に生活するホモ・サピエンス・インフォマティカが、五億年という太古へ向かってのブランコ的回顧活動を通して確かめてみたという、その壮大な検証作業をほとんど意識もせずにやってのけた結果、パーカー構想にごく自然な共鳴が起こったからではあるまいか。

それは、一種のスコープの拡大現象とも考えられる。最近に採録したアーカイブの中で、比較的近い過去にさかのぼるというような、いわば検索のスコープが狭い場合には、検索をする側の世界と検索をされる側の世界は、両者ほとんど本質的差がないであろう。しかし、それが五億年以上の差ともなると、まったく事情が異なる。時間軸上でのスコープの拡大によって、両者の本質的な差はあまりにも大きく、例えば、超マイクロスコーピックな分子や量子とか、逆に茫漠たるテレスコーピックな宇宙空間が対象として考え始められたり、はたまた、物質構造の複雑さのスコープ拡大においては、生命現象とその進化が営まれるゲノムの世界にまで、いわばゲノスコープにまで取り込まれてきたのである。

要するに、個体のモバイル機能はコミュニケーションの範疇に含まれている一方で、捕食や逃避などの個体の空間運動と一体化して考えるアプローチがカンブリア紀の研究以来定着してきたと考えられるのである。二一世紀にスマホ普及が実現した状態を踏まえて、改めてスコープ拡大を再確認しているとも考えられる。温新知故のアプローチも、その一つにほかならない。さらに、パーカー構想と二一世紀スマホ・モバイル化という対（ペア）の間で往復を重ねながら思考するとき、往路が温新知故とすれば復路はまさしく温故知新にほかならないと気づく。本節の結論は、二一世紀の戦略目標の一つとして温故知新・温新知故によって形成されるループを深く認識した上で、その充分な活用を推奨することである。

3　スコープ拡大の成功事例としての「エーテル→光量子」シフト

マックスウェル（一八三一―一八七九）のあまりにも見事な電磁方程式と、光の電磁波説の鮮烈な驚きに、一九世紀の人びとは完全に痺れてしまったのに違いない。しかし、音波の伝達媒体が空気であるというほどの明快さにはほど遠く、光の電磁波説の場合、理論を裏づける伝達媒体の物的存在証明の提示には手こずるはめになってしまった。「エーテル」と名づけた未発見の〝物質〟が、光が伝達する空間を満たしているとの仮定の上に、エーテルは運動する物体から何の影響も受けず、光を伝えるだけで完全に静止しており、まさにニュートンが考えた「絶対空間」そのものに相当するのではないか、その証拠を発見する測定すなわち古典力学の基礎を確認するのが目的でもあった。ところが一八八七年の「マイケルソン・モーリーの実験」は、エーテル検出目的の歴史的実験であったにもかかわらず、期待に反してその結果は否定的であった。これは、エーテルが存在することを、もはや常識だと思い込み、古典的絶対空間の存在を信じ切っていた当時の研究者たちが、困惑の極に追い詰められるという危機的事態に陥ったことにほかならない。一九〇五年、二六歳のアインシュタイン（一八七九―一九五五）は特殊相対性理論を発表し、仮想のエーテルという物質を不要として追放することによって、エーテルの謎を解決したばかりでなく、ついに時間と空間の考え方を、絶対空間・絶対時間のニュートンの古典的思考から解放し、二〇世紀の新物理学を創り出すのに成功した。

例えば、相対性理論研究の賜物として有名な$E=mc^2$というアインシュタインの関係式によって、物体が静止していても質量さえあれば、莫大なエネルギーをもっていること、太陽内部での核融合反応や、原子力発電等の核分裂反応が説明できた。これは、一九世紀までの古典物理学では考えられなかったこと、つまり視野（スコープ）の外側であり、まったく新しい二〇世紀の新物質観への拡大ないしはブレイクスルーを意味していた。ちなみに、一九〇五年の四番目の論文、特殊相対性理論で、アインシュタインは、その論文題名を「運動する物体の電気力学」と記している。要するに、「光・電磁波説のマックスウェル」信仰からの完全な離別宣言にほかならない。その一連の新しい考え方の一番目の論文が、「光量子仮説」（一九〇五年、アインシュタイン、一九二一年ノーベル賞受賞、ミリカンの油滴実験で実証された）であり、その応用製品は今の日常生活の中に嫌というほど身辺にあふれ返っている、カメラ撮像素子のルーツにほかならなかった。現在、光量子を「光子（フォトン）」と呼ぶ場合が多い。要するに、光エネルギーを画像の形へ情報として簡単に変換することが、完全に日常茶飯事化し、二一世紀現在では全員スマホ社会が実現している。その原理的シフトを象徴しているのが、本節の表題「エーテル→光量子」にほかならない。つまり、一九世紀のマックスウェル思考の抽象的な世界からの離脱と同時に、二一世紀の光子（フォトン）と名づけた実在する物質への移行であり、完全なパラダイム・シフトであり、日常的生活物資化したフォトンである。これぞ、量子的スコープへの拡大結果として提示された、鮮やかな成功例の姿なのである。

4 スコープ拡大の舞台としての国土

二一世紀のスコープ拡大の場合には、国土の形成へどのような影響が出てくるであろうか。スマホ・モバイル化が全員に普及した社会は、抜群にスコープ拡大への潜在能力が大きいと予見される。鍵は、モバイル化にある。

一九九〇年代までのキー・デバイスは、デスクトップ型のパソコンに象徴される「非モバイル」静止型の典型であった。つまり、座して専ら記号操作に明け暮れていたにすぎない。温新知故の流儀に従えば、パソコンでは辛うじてデジタル画像入力データの処理はできたにしても、ようやく〝眼は誕生した〟ものの、未だ充分捕食行動や逃避行動へはつながっていない進化未完成の状態であった。つまり、いわゆる淘汰圧が充分には、まだはたらかないという、本格的スコープ拡大の直前であり、モバイル欠如が常態であった。一九九九年、ＮＴＴドコモのｉモード誕生以後、モバイル化の普及が加速化している最近では、ホモ・サピエンス・インフォマティカ・ジャポニカも、情報→運動という決定的なスコープ拡大へと進化の歩みを、一気に速めている。これによって〝実在する物質〟の世界つまり国土そのものが、新たなスコープ拡大のフロンティアに変身するという面を色濃くもつようになり、そこが相撲でいう〝本場所〟になって最終評価がなされ、セレクション（淘汰）されていくことになるはずである。物質科学の一八世紀以降の本格化・精緻化にドライブがかかったことは明らかである。

その結果、ニュートン力学に代表される一七世紀の科学革命に続く一八世紀には、古代から続いてきた錬金術を脱皮した近代化学が、物理学に続いて主流の座を占めはじめる。とくに、燃焼にともなう熱の発生の研究によって、一九世紀産業革命への基礎づくり、つまり布石として本格化したに違いない。もちろん、照明のための燃焼は、専ら読書などの情報面での利用としてパラレルに研究されていく。

今日でいうところの物質科学への発展経路は、まずは多種多様な物質の存在を系統だてて分類・整理すること、例えば植物学におけるリンネの分類学に相当する努力から始められねばならない。結局その努力は、例えばメンデレーエフ（一八三四―一九〇七）の元素周期律表として結実し、さらにそれを精密な体系に仕上げていくために、各種の分析や測定方法が工夫され、開発されつつある。すなわち測定データとして数量化され、理論体系が構築できるまでにデータの精密さも高度化し、新興の科学にふさわしく洗練され、「錬金術から近代化学への脱皮」を見事に成功させようとしているのである。その経過の中で、とくに強調したいのは「分光分析」の手法であり、それが「コミュニケーションと国土」との関係においても、キーテクノロジー的存在であることを以下に強調したい。

アイザック・アシモフ著『化学の歴史』（同名の和訳単行本が二〇一〇年、ちくま学芸文庫で刊行）の中でも、かなりの頁数が費やされているのが、各地で発掘された鉱物から分光分析の結果、メンデレーエフが周期律表から予想していた未知の元素が発見され、各地の地名にちなんで命名されたという歴史的エピソードが少なからず紹介されている。紛れもなく物質の大塊である国土自体の分光分析による化学的スコープいわばケモスコープへの拡大が、一八世紀の本質であり、歴史的役割でもあった。あえて一八世紀をキャッチフレーズ化していえば、「テレスコープ・ミクロスコープの物理学革命からケモスコープ拡大の化学革命の世紀への拡大」という表現になろう。

5　二一世紀の国土の特徴――超伝導リニアがあぶり出す負の課題

最近のダボス会議でも指摘されているように、二一世紀には第四次産業革命が起こると予測されているが、当然それに対応した国土づくりが行われるに違いない。その国土に居住して活動をする人びとは、すべてスマホのようなＳＮＳのモバイル端末を駆使し、それが二〇世紀までに比べて格段に強力な活力源になると予想される。

例えば、第１節で述べた災害からの安全確保にしても、不可欠な電波の社会的基盤（ソーシャル・インフラストラクチャー）が完璧に整備されなければならない。そのためには、ハードウェアの面のみならず、高度なＡＩを含む保守管理システムと信頼性の高い専門集団を、育成し維持し続けなければならない。もちろん、絶えず利用者とのコミュニケーションをチェックし、危険を予測し未然に対策を行う、一見地味で平凡であるが、忍耐強く常に改善を重ねているスマートなメンテナンスも欠かせない。幸いにして、わが国にはそれなりの実績も現場の伝統も今なお健在であり、とくに完成品の世界シェアは減少しても、国産品の材料・部品の世界シェアは依然として高く、ブランド信用度も依然として高い。

メンテナンスにせよ、補給される材料・部品にせよ、次節に述べる人材との関連や、産業・経済との諸々の関係にせよ、当然のことながら切り離して別個に考えることはできないし、むしろ国土の観点から具体的に実例を示した方がはっきりと理解しやすいであろう。

本節で取り上げたいのは、東海道新幹線と超電導リニア（超電導磁気浮上リニア鉄道の略称）である。超電導リニアの技術開発は、新幹線開業二年前（一九六二年）から始まっており、五六年間にわたる実績を積み重ねている。

新幹線の技術開発の場合も、弾丸列車と称して戦前の一九三〇年代から始まっている。今回のリニアの場合は、一九一一年オンネス（一八五三―一九二六）による発見以来の、まさに人類の夢である超電導（量子物理学的フロンティア）が実用化するブレイクスルーの波及効果の意義も大きい。つまり、その成功は、二一世紀のシンボルの一つになるに違いない。その理由は、地球全体に張り巡らされた超電導ケーブル網による送電システムが実現すれば、遠方の巨大な滝で発生する水力発電量を送電ロスも環境汚染もなく、ふんだんに活用可能になり、オイルのパイプラインも、LNGタンカーもほとんど目立たない存在になろう。もちろん、高温超電導材料などの開発成功も、リニア成功に付随して実現していくものと常識的な類推ができるからである。

ではなぜ、わが国で経済性から見ても、超電導リニアが世界に先んじて実現できるのかを、ここで説明してみたい。極言すれば、それは国土の特性に基づく。もちろん国土の条件だけではなく、超電導リニアのような先端科学技術そのものの技術的実現のポテンシャルも兼備していなければならない。

反面教師として、ヨーロッパの国土の条件を対置してみよう。端的にいえば、人口密度が希薄で、中小規模の都市が点在するヨーロッパの場合は、在来線と高速新線の直通運転、高速列車とローカル列車の線路共用によって、走行線路（軌道）を効率的に利用しなければならないからである。その結果、ヨーロッパの高速鉄道は、最新技術の利点をフルに活かし切れないシステムになってしまったのである。日本の東海道新幹線建設計画時においても、同様な「広軌採用反対」意見があり、結局品川、名古屋、新大阪で乗客が狭軌の在来線へ乗り換える解決策に落ち着いた経緯がある。超電導リニアの場合も、新幹線または在来線への乗客乗り換え方式（新幹線の場合の成功を踏まえて）が採用される。いわば、すでに成功体験済みの利点を、再度再々度使おうという、手がたい立場を採っているのである。超電導リニア・新幹線・在来線の三層重ねの構造からもたらされるメリットは、過去数十年の乗り換え方式の実績によって裏づけられており、社会全体の信頼を得ているからにほかならない。何よりも、東京・名古屋・大阪と連結する国土の特徴は、ヨーロッパと比較して、まったく異質であり、人口稠密なベルト状の地帯（全人口の過半、七〇〇〇万人が居住）が存在している事実、つまり、国土の特性そのものが新幹線・超電導リニア間の乗り換え方式を促進し、原理的にその成功の確率を高めているからである。

一方、地球全体の地震発生の一割が日本列島だといわれている今日、超電動リニア開発の開始当初から、地震対策が最重要課題であった。例えば、宮崎県の最初の磁気浮上実験走行路でも、地震によって起こされる走行路面凹凸の許容限界を探る実験的研究がなされた結果、一〇センチメートル程度の磁気浮上が、実用化には必要と判断され、通常の永久磁石を使う磁気浮上方式（たかだか二〜三センチメートル以下でよく、安価）ではなく、技術難易度が飛び抜けて高い超電導磁気浮上技術が目標として採用され、その研究開発と人材育成が進められて今日に至っている。

地震国ならではの不可避の選択であり、日本列島に生存する日本人にとっての「生存科学」そのものかもしれない。しかしこれは、ハンディキャップではなく、むしろ技術開発へのドライブであり、モティベーションであると考えれば、国土からもたらされる貴重な〝負の資源〟とさえみなすことが可能だ（いささか、やせ我慢の嫌いはあるが）。

最後に、二一世紀の第四次産業革命に関連した重要な課題を加えたい。それは、乗り換えを強要される乗客への負担転嫁の問題である。単に、肉体的な面のみならず、精神的な負担も見逃せない。上述した乗り換え方式には、根本的な問題があるのではないか。それは、交通機関における平等性（equality）の確保が脅かされるとの問題である。一九六〇年代、世界一自動車の普及している米国において、人口の半数近くが、その恩恵に浴していない交通貧困層（トランスポーテーション・プア）であることが明らかとなり（大統領報告書）、これから本格的に自動車社会に入ろうとしていた日本にとっては、交通事故と大気汚染などの難問とともに、まさに衝撃的な社会問題の指摘であった。つまり、平等性を回復するために、コンピュータを始めエレクトロニクスを応用した自動化無人運転の研究が始まった。当時のキャッチフレーズは、「横になったエレベーター」という都市工学の問題としても注目を集めた。二一世紀の自動運転車のルーツにほかならない。交通貧困層の内容は、子ども・老人・病人などであったが、最近ではデジタル・デバイド層と呼ばれる通信端末を所有せずネットにつながれない人びとも問題になろう。

この節の冒頭で述べたとおり、二一世紀の第四次産業革命の原動力である、全員がＳＮＳ接続のモバイル携帯端末を常時もっている状態を「加えて」考える必要が出てきた。そのような乗客に対して乗り換え方式を提供することになれば、平等性保持の点では、いささか救いの感はあるが、やはり本質的にシステム設計上での、乗り換えをさせられる乗客へのしわ寄せに頼る解決策の感は拭えない。とりわけ、ロコモーティブ・シンドロームの高齢者を始めとして二一世紀版交通貧困層誕生への懸念は残る。

6 おわりに——国土の運用が左右する巨大経済

東海道新幹線と超電導リニアを、いわば国土をコミュニケーション機能との結合体とみなした立場から、本章の具体的事例に選んで研究してきたのであるが、乗客輸送に限られているという偏り(かたよ)が難点ではないかと気がかりになりだした。産業活動や、市場の動き全般から考えれば、乗客だけの移動よりもむしろ物資輸送つまり荷動きの方が商工業などの動静全般の把握には、より適切であろう。例えば、一六世紀頃までは、南米ポトシ銀山に並んで日本の石見銀山等を始めとして全世界のトップレベルの重要鉱物資源（銀など）の供給国であったが、近年の主要輸出商品は、高機能・高品質の原材料・部品等や高度な製造設備等である。耐久消費財の代表格である自動車についても、輸出ではなく現地生産が大きなウェイトを占め、現地の雇用と技術水準向上に貢献するように変わった。その結果、貿易収支よりも所得収支（パテント料等）が変動も少なく、大きなウェイトを占めるようになってきた。以上のような時代の変化を、背景として考えた国土とコミュニケーションの課題をさらに検討する必要がある。

まず、上述のような国土とコミュニュケーションにつながる新幹線と超電動リニアが乗客に対して乗り換え方式のサービスを提供した場合、その対価として乗客から乗車料金が支払われてくると、それ以後は金融工学の領域（フィンテック・ワールド）へ移行して、完全に経済や経営の活動に切り替わる。事実、Ｓｕｉｃａ（スイカ）などの電子媒体がすでに目覚ましく活躍しており、最近の仮想通貨にも隣接している成長分野である。ブロックチェーン技術などの応用可能性も大いに期待できるので、二一世紀の第四次産業革命の中心的課題の一つとして浮上すると予想される。

ちなみに、資金面からの二一世紀の第四次産業革命における国土の役割を、再び東海道新幹線と超電導リニアを事例として概説する。一般に、国土に関する事業には多額の資金（財政投融資など）を必要とする。東海道新幹線の場合、一九八七年の国鉄分割民営化が画期的な転換点であった。一九六四年の営業開始（東京・大阪間三時間、時速二〇〇キロ余り）から二三年間、全国二万キロの赤字に苦しむ国鉄の中での停滞期を経て、民営化後の三〇年間で技術的完成度を高め、東京・大阪間二時間半、時速三〇〇キロ、一時間に一五列車が運行可能である。しかし、乗客の争奪競争は、航空と高速道路バスとの間で熾烈である。また、内航海運も物資輸送で大きな役割を担っているし、漁港や、政府関係の港湾も、国土の機能を支援する構成要素であるが、本章では除外する。

JR東海にとって、東海道新幹線は、鉄道収入の九〇%を稼ぎ出し、年間五〇〇〇億円の可処分資金を生み出している。

また、バブル経済の崩壊とゼロ金利時代の到来が追い風になり、五・五兆円あった、分割民営化時の承継債務は二兆円以下に減少し、利払いは当初の五分の一以下になった。

二〇二七年、品川~名古屋の開通を目標に、すでに工事が進められている。三大都市圏中心部の用地取得は、「大深度地下使用法」によって地下四〇メートルより深い公共工事の場合、用地買収不要であり、資金面にまったく支障はない。例えば、始発駅品川は、地下四〇メートルに造られる。当初の建設計画では、二〇二七年に品川~名古屋間が完成し、営業開始し資金面で余裕ができてから、名古屋~大阪間を着工し、二〇四五年に全線完成の予定であったが、鉄道建設・運輸施設整備支援機構法改正法が、二〇一六年一一月一八日に施行されて、約三兆円の借り入れが可能になり、長期固定で低金利の財政投融資が活用できるようになったからである。つまり、資金面から最大八年の工期短縮実現のメドが立った。この実例でも明らかなように、国土の運用には巨額の資金面からの支援が、成否の鍵を握る不可欠な存在である。品川～大阪間の超電導リニア建設の総事業費は、約九兆円であり、二〇二七年に先行開業予定の品川～名古屋間の建設費も五兆五〇〇〇億円に上り、国土問題の資金のスケールとその影響力の大きさが感じられよう。さらに二一世紀には、その国土の上にコミュニケーションの影響が一段と強くなり、国土の効用の増大が予想される。

第7章

個々人が情報拠点となれ

──「差異」のシェアリング

1　はじめに──生産年齢人口減少対策と未来心理

一九七〇年の大阪万博開催の頃まで、南米航路には移民専用船（一万トン級の客船）が就航していた。つまり、国内産業の求人数が求職志望者数を超えられなかったからである。所得倍増の高度経済成長の結果、いわゆる失業問題は解消し、むしろ南米から出稼ぎにくるほどの人手不足が問題になりだした。今後、少子高齢化で総人口が減り始めた日本は、国全体の需要は落ち込み、深刻な人手不足が経済成長の足かせになる可能性が高い。

人口の未来予測は、一番的中率が高い未来予測であるといわれてきた。例えば、第一次と第二次のベビーブームは、的中したが、第三次は裏切られている。その理由はともかく、二〇世紀までの人口予測モデルが二一世紀に通用しなくなったことは確かである。

もっとも未来予測的中率が高い実績もあって、今まで大部分の将来計画のベースになっていたのは、この未来人口予測モデルであったから、その信頼性が失われ、総人口減少が始まったとあれば、当然生産年齢人口の減少という、いわば弱気の未来心理に陥らざるをえない。減少をカバーする対応策という観点から、第四次産業革命の意味を考えてみると、どのような未来心理が生まれてくるであろうか。おそらく、弱気から強気への反転未来心理が期待できる起死回生策として、いわば、この反転未来心理戦略の要こそ、二一世紀の第四次産業革命が担う役割にほかならない。

経済や社会保障の担い手として、外国人受け入れを今は原則認めていないが、外国人を幅広く受け入れた場合の影響について、代表的シンクタンク等の調査結果を参考にして、概括すれば、短期的には財政を改善する効果は見込めるが、長期的には子どもの教育費や高齢化にともなう年金等社会保障給付が増し、財政を悪化させる要因にもなる。受け入れが、年間五万人ペースと二〇万人ペースと四〇万人ペースで比較すると、大規模な受け入れの場合は財政への影響がマイナスになることも指摘されている。要するに、労働生産性の低い第一世代の受け入れの多寡が、国全体の生産性に対してマイナスの影響が出るかどうかを左右している。ヨーロッパでの実例から、出生率の顕著な改善がある一方、社会的な不安定さも表面化してくるリスクがあることが明らかになっている。

そもそも、人口ピラミッドの中に、大きなコブを形成した「団塊の世代」、さらに「団塊ジュニアの世代」、そして第三のコブが予想されていた。一九八六年（団塊ジュニアが一〇代前半だった）、人口学者はそう推測していた（「日本の将来推計人口—昭和六〇～一〇〇年」厚生省人口問題研究所が一九八六年公表）。つまり、「二〇〇〇年には第三次ベビーブームが起こる」として、推定出生数一七九万人を発表していたが、実際には第三次ベビーブームは起きずに、二〇〇〇年の出生数は一一九万人であった。そして、二〇一六年生まれの子どもは、九八万一〇〇〇人にとどまり、一八八五（明治一八）年以来一〇〇万人以上を維持してきた歴史に終止符が打たれた。その原因は、「出生率の前提となる婚姻行動に劇的な変化」が生じてしまったからだと専門家は指摘する。この変化に気づくのが遅れたために、今日の少子化問題への対策が遅れたといわれている。

出生率を左右する要因は、初婚年齢、未婚率、初産年齢、子どもを産む母親の数、夫婦の平均的な子どもの数などである。誤算の原因となったのは、未婚率である。

初婚年齢が上昇する「晩婚化」は、一九八〇年代からもすでに気づかれて人口予測には織り込まれていたが、出産年齢が後ろにずれるだけで、出生率自体は変わらないと仮定されたままであった。一方、「生涯未婚率（五〇歳時点で一度も結婚していない）」は、一九八五年には女性で五パーセント（％）以下、一九九五年には五・一％、二〇〇五年に七・二五％、二〇一〇年には一〇・六一％、二〇一五年の国勢調査では団塊ジュニア世代の女性四〇代前半の未婚率は一九・一％に達し、五人に一人が結婚していない。子どもの数の方は平均的に、一九八〇年代の夫婦あたり二・二人、二〇一五年も一・九四人で、辛うじて二人前後を保っている。要するに、一九九〇年代から急激に晩婚化が進み、出生率も低下した。一方では、第四次産業革命が本格的に始まる。相互に影響し合わないはずはない。その積極的なシナジーが、二一世紀の創造的なエネルギーを解放する。

2 〝超〟健康長寿社会の研究本格化へ

最近、健康長寿達成後のシナリオの研究を開始するのが必要ではないかという声が、未来志向の強い研究指導者の間では顕在化してきている。これは、「三周目の人生設計」時代到来の予兆かもしれない。

その理由としては、最近の健康長寿の進展度合いから、改めて予測してみれば、従来の予想よりも早く一〇〇歳以上の生存率が急上昇し、彼らがむしろ珍しくない、当たり前の存在になるであろうという見方が強い。いわば、三周目を想定していない現在は、一〇〇歳以上の人びとの存在意義を真剣に考えることさえ放棄している。いわんや、そのための準備や有効活用の計画案もほとんど見当たらない。

ちなみに、「二周目の人生設計」という言葉が登場したのは一九九〇年頃である。直前にバブル景気の崩壊があり、ソ連邦も崩壊した。筆者自身も還暦を迎え、東京大学教授の定年退官と同時に、慶應義塾大学教授への就任という、文字どおり第二周目を始めていた。

健康面では、助教授から教授に昇任した直後、四三歳（一九七三年）で急性虫垂炎から腹膜炎を併発し、一カ月間の入院という憂き目をみていた。その後遺症として、胆石症が残り、また慶應義塾大学教授退任（二〇〇〇年）以後、民間企業の研究所長や顧問などを務めて現在（二〇一七年）に至っているが、その間虚血性大腸炎で三度入院した。

以上、事例として、筆者自身の病歴を使わせていただいて恐縮の至りであるが、それに含まれる問題点のいくつかを指摘したい。

まず、一周目の四〇歳過ぎ（民間療法などで厄年と呼ぶ）の罹患は汗顔の至りであるが、筆者の場合は、出張先での治療（外科手術）の手後れが主因であったから、業務上の事故遭遇に類する結果とも考えられる。多少、中年の体力・抵抗力の低下傾向が現れていたにもかかわらず、自らの限界への認識の甘さが災いしたかもしれない。一般に、悪性腫瘍などの慢性疾患では、激烈な急性症状での初発は少なく、血管の梗塞、血栓、破裂などや、消化管の急性炎症性疾患などとの相違が著しく、要するに一周目の四〇歳過ぎからは、定期的全身精密検診いわゆる人間ドックが必要不可欠になる。筆者の場合は上記の罹患後は半年ごとに人間ドックを欠かさず受けるようになった。

二周目の人生すなわち高齢期に入ると、脳のＭＲＩ（磁気共鳴画像）検査が重要度を増す。他の部位（例えば膵臓）でも、将来悪性腫瘍化が懸念される陰影が見つかったならば、年を追ってその変化を注意深く観測し続け、疑いが濃くなれば、除去手術をする。

ＭＲＩ利用の上記検査の場合は、画像に現れる形態学的な変化を捉えて診断しているが、今後悪性腫瘍の薬物治療においては、腫瘍細胞のゲノムを検査して診断するようになり、例えば治療対象の胃がんのゲノムが甲状腺がんのゲノムと同じだとわかったならば、胃がんの治療薬ではなく、より治療効果が高いことがわかっている、甲状腺がんの薬を使うようになったのである。これは、プレシジョン・メディシンと呼ばれ、臨床的効果もあがっている。

実は、生物分類学は、リンネ以来、形態学を基礎としていたが、今やゲノムに基づいてなされる方法論に変わってしまった。つまり、学問のタイプが、形態という「フェノタイプ」からゲノムという分子生物学的パラダイムに基づく「ゲノタイプ」へ変更されてしまった。その結果、分類学から魚類がなくなるという衝撃的なことも起こった。同様に、胃がんとか肺がんとか、がん発生臓器別にフェノタイプ的分類がなされてきたのが、ゲノタイプ的に変わったのである。しかも、分類と呼ばれる行為は、大自然に存在する事物に対して受動的に記述するだけであるが、今や人類は「ゲノム編集」のような能動的な編集行為がゲノムに対して行えるようになった。フェノタイプからゲノタイプへの変革は、ある意味で革命的であり、雲泥の差がある重大事かもしれない。「三周目の人生設計」は、このゲノム革命へのパラダイム・シフトと共生する形になるのではなかろうか。生物進化の歴史においても、ミトコンドリアとの共生によって、真核生物が誕生し、多細胞生物への進化の道が開かれたという前例に鑑みても、二一世紀の人類へ示唆するところは絶大である。おそらく二一世紀の後半には、三周目の年齢層の人びとが無視できなくなるばかりでなく、二周目と三周目を合わせれば、マジョリティになる可能性さえ出てくるかもしれない。

3　二一世紀人材育成とユーザー・イノベーションが創るパラレルリアリティ世界

この節では、まず二〇世紀末にかけて、どのような人材育成の努力が重ねられて、二一世紀への準備をしていたのか、回顧と温故知新の作業からはじめたい。

敗戦直後の国家的改造の一つとして、学校教育の新制度への改革、俗称「六三制」への全面的切り替えがあり、義務教育が小学校六年、中学校三年、計九年となり、男女共学になった。要するに、義務教育の年数が、一・五倍に延長し、全国民が中等教育を受け、外国語教育（英語）と、自然科学の基礎教育を受けるようになった。この人材育成がもたらしたレベルアップが、日本製耐久消費財（自動車や家電製品など）の抜群の市場競争力形成に真価を発揮するのは、一九七〇年代後半になってからである。加工組み立て製造業における部品供給元の多数下請け企業群が、末端の零細企業に至るまで自動化生産設備（数値制御工作機械など）の完全活用に成功できたのは、一九七〇年代になると少なくとも三〇歳代以下の現場作業者は、全員が六三制の義務教育を受けていたからである。具体的にいえば、英文が読めて自動制御のプログラムが自分で作成できるポテンシャルをすでに義務教育で与えられていたからである。当時『路地裏の経済学』（竹内宏著、日本経済新聞社、一九七八年）というベストセラーが現れたが、戦前戦後の日本製輸出商品には安価な低信頼性のイメージが拭えなかった。今日では、ロボットが日本技術の象徴であるが、本格的な作業のロボット化を計画する場合には、ロボットを使いこなす多数の現場作業者が不可欠であり、その人材育成こそが根幹である。

二〇世紀までの工学部におけるオーソドックスな人材育成の教育組織においては、独立した別学科であった機械と電子が融合した、ロボットのような最先端技術は、メカトロニクス（和製英語）と呼ばれているが、現場に密着したメカトロニクスこそ、その後の日本の市場競争力の柱であることは明らかであるが、四〇年後の二〇一七年には二一世紀の主題である第四次産業革命を推進する「ＩｏＴ（Internet of Things）」へと一大進化を遂げている。実は、一九七〇年代後半には、英国人記者が「メカトロニクス」の語源をわざわざ調べに来日し、インタビューを申し込んできた。もし彼が、二一世紀にＩｏＴの到来を予感しての来日だったとすれば、さすが第一次産業革命の母国である英国人の後裔だけのことはあると、妙に納得したりしている。

メカトロニクスから四〇年を経て、ＩｏＴへ〝進化した〟と、比喩的表現をしたが、より正確に進化という生物学的な表現について説明を加えれば、フェノタイプ（表現型）は激変したが、ゲノタイプ（遺伝子型）は不変であるという、生物における個体と種の関係に相似的な仕組みにほかならない。もちろん、ゲノタイプにおいても、個体差に対応するゲノムの組み合わせにおける差異の存在を、軽視しているわけではない。

人材育成の問題に戻って、メカトロニクスにおいてはまったく欠けていた、ＩｏＴの場合の決定的な要素は、全員スマートフォンを常時使っている生活が地球上至るところで見られるほど行きわたってしまったことである。二〇〇七年のｉＰｈｏｎｅの登場以来、わずか一〇年足らずの変化であり、この急変こそ、第四次産業革命をドライブしている根源であると、ダボス会議などでも力説されてきた。

この驚異的な普及の結果、ユーザー層の圧倒的なパワーが生まれた。従来、イノベーションは専ら供給者側でつくり出されてきた。いわばメーカー・イノベーションが、世の中をリードするものだと考えられてきた。しかし膨大なユーザー層の多様な実情を、くまなく熟知することは、メーカー側でカバーできなくなり、いわばユーザー・イノベーションがリードし始めたのが最近の新しい実態である。

その結果、従来の大メーカー・大ディストリビューターあるいは専門家集団などいわば既存メディア（Main Sream Media、略称ＭＳＭ）が支配的な一つの世界、一つの地球、一つの宇宙、一つのリアリティが定説化し、結果として一種の安定感があった。このＭＳＭ一色の二〇世紀以来長く慣れ親しんできた安定感にも、ついに転機が訪れて、消え去ろうとしているように感じられる。すなわち、パラレルリアリティ、多宇宙、スーパーアースなどが新しい次なる安定への動きと見えてくるのである。最近の宇宙探査でも、それを裏書きするような観測データが集まり、理論研究やシミュレーション等でも興味をそそる研究結果が続々と現れてきている。これらは、ユーザー・イノベーションの巨大なドライブ圧力に対抗して生じた、極めて二一世紀らしい宇宙科学者側からの発信であるとも感じられる。

西暦一五〇年ごろに集大成された、プトレマイオスによる「天動説の集大成」がもたらした長い「科学の暗黒時代」の安定感の時代を経て、コペルニクスによる「地動説の確立」（一五四三年）による天動説から地動説への「一六世紀コペルニクス大革命」が、その安定感からの離脱を起こしたのである。そのような歴史を思い出させるような転機を迎えているのかもしれない。

4 二〇世紀の生涯学習志向人材育成の成果を二一世紀の第四次産業革命へつなぐ

一九八〇年代半ば以後、生涯学習社会をめざして、わが国の人材育成の枠組みが大転換した。二一世紀には、その成果を全面的に活用する、第四次産業革命が将に起ころうとしている。「何を創り出すのか」論議の段階から、その成果を「誰が使い尽くすのか」という、シナリオ実行段階へと革命進行のテンポは加速している。前節で述べた「六三制」とメカトロニクス革命の関係と同様に、生涯学習と第四次産業革命との間には、強い結びつきがある。つまり、人材育成の改革が次世代に産業革命を生み出すという戦略パターンが人類には先天的に備わっているようである。とりわけ、日本の場合には、メカトロニクスにせよ、ＩｏＴ（第四次産業革命の核心的技術革新）にせよ、零細企業の作業現場にまでボトムアップの特徴をもって、したたかに浸透し、テレビ報道などによれば、いわゆるＯＪＴの自助努力によってＩｏＴ人材育成を始めており、成功例も出ている。

このボトムアップの人材育成の底流を確実に把握した上で、国策面からのトップダウンの長期計画最初の例が、教育制度の「生涯学習への移行」にほかならない。政府がどのような政策的動きをとったか、臨時教育審議会（略称、臨教審を以下使用）の実例を中心に概説したい。

審議会の委員二五名中、工学部の教授は、筆者一人であり、しかも生涯学習担当の第二部会長に任命された。その一〇年前の一九七〇年代後半、筆者は幸いにして、すでにメカトロニス革命を経験しており、日本の高品質製品を生産する技術力と作業現場の真相も熟知していたが、世界的評価もようやく定着し始めており、同時に貿易摩擦のまっただなかでもあった。

要するに、現在中小企業でのＩｏＴ人材育成は、スマホ活用のユーザー・イノベーションによる何百万円程度の投資で、何億円の市販ＩｏＴ商品に匹敵する利益を出しており、その差益から最新生産設備への投資資金を得て、古い機械をリサイクルする一方で最新技術を取り込み、新旧の共生の妙を実現している。

人材育成の改革と、次に発生する産業革命の関係は、筆者の場合、第一回目が一六歳「六三制」から三〇年後の四六歳の「メカトロニクス革命」と、第二回目が五五歳「生涯学習」から三二年後の八七歳の「第四次産業革命」と、計二回の経験を重ねることになりそうである。二〇世紀のメカトロニクス革命では、専ら影響を受けたのは日本一国であったが、二一世紀の第四次産業革命では全世界が影響を受けるのは確実である。したがって、一つの国家から地球全体へのスケールの拡大は初めてである一方、筆者の年齢の人びとにとっては二度目の体験であり、一度目の体験の記憶が大いに参考にできるはずである。さらに、「六三制」については受け身な一生徒個人としての立場で経験しただけであるが、「生涯学習」の場合は臨教審の生涯学習担当部長であったから、生みの親の一人としての詳しい記憶が豊富に存在する。

一般論としては、例えば戦争の歴史の中でも大勝利を収めた場合、実はその前に失敗の苦い体験があることが少なくない。二度目には、一度目の貴重な苦い失敗体験を〝良薬〟として、有効に活用できる利点があり、大成功を収めるのに役立っている場合が多いのである。二一世紀の第四次産業革命が、同様な二度目の利点を活かした大成功を収めることを期待してやまない。

5　臨教審の生涯学習体系提言がもたらした二一世紀への影響

一九八四年九月、臨時教育審議会第一回総会が、総理官邸において開催され、「わが国における社会の変化および文化の発展に対応する教育の実現を期して各般にわたる施策に関し必要な改革を図るための基本方針について」という総理からの諮問に対する審議が始まった。通称、「臨教審」と呼ばれる、この組織は、四つの部会よりなっており、第一部会「二一世紀を展望した教育のあり方」、第二部会「社会の教育機能の活性化」、第三部会「初等中等教育の改革」、第四部会「高等教育の改革」がテーマであった。筆者は三年間第二部会の部会長を務めた。その第一次答申（一九八五年六月）では、当面の具体的改革として、第一番目にあげられたのが、第二部会担当の「学歴社会の弊害の是正」であった。第二次答申（一九八六年四月）は教育改革の全体像を明らかにしたものであり、その第一項目も第二部会担当の「生涯学習体系への移行」であった。いずれも、筆者の専門である科学技術分野以外であり、極めて貴重な体験であった。

一九八〇年代中頃の時点で、なぜ「生涯学習」が、学歴社会の弊害是正とならんで中心的課題になったかという理由を、まず述べることにする。

上記の臨教審への諮問内容にしても、最初に「社会の変化および文化の発展へ対応する教育」の「実現を期して各般の」と明記されているということは、現実社会での教育や文化の変化・発展が著しく、対応の量的な不足ばかりでなく、質的にも多岐にわたる改革をしなければならないので、内閣挙げて取り組むのであるという宣言である。その結果として、過去の実績のみに依存する学（校）歴偏重の弊害是正も、生涯学習体系への移行によって、抜本的に可能になるという未来志向的見解であった。したがって、生涯学習体系への移行が、政府全体の基本方針となった一九八七年八月以後二〇一七年現在まで、ちょうど三〇年間の人材育成の実績が存在する。何よりも得難いことは、いまや生産年齢層人口の大部分が、〝生涯学習体系育ち〟となってきており、二一世紀の第四次産業革命の担い手として、その中核を形成し、いよいよその真価が問われる時代になってきた。

一方、一九八〇年代中頃は、大型コンピュータ以外に、今日でいうパーソナル・コンピュータいわゆるPC（略称パソコン）が普及し始めて、ダウンサイジングが進行していた。しかし、ハードウェアの面では、まだ小型軽量化もあまり進んでおらず、機能も原始的な段階であり、日本語入力もワープロと呼ばれた単能機が使われていた。

臨教審の第四次最終答申（一九八七年八月）では、学校中心の考え方を改め、生涯学習体系への移行に加えて、個性重視の原則が強調された。すなわち、画一性、硬直性、閉鎖性を打破して、個人の尊厳、自由・規律、自己責任の原則が提唱された。さらに、第三に「変化への対応」があり、とりわけ教育が直面している最重要課題は国際化と情報化への対応であると指摘した。高度情報化社会に生きる資質として、「情報活用能力（情報リテラシー）」を重視し、「読み、書き、算盤（そろばん）」と並ぶ基礎、基本として学校教育においてもその育成を図ることになった。さらに、各種情報機器による学校教育の活性化、情報モラルの確立、情報化の「光と影」への対応などについても、臨教審答申でコメントしている。すでに一部、高等学校の専門教育として、情報処理教育はかなり早くから始まってはいた。その後に起こった爆発的な情報技術革新は、インターネットの普及によって、一九九〇年代後半には個人所有のPCが地球全体にまで広がったネットワークでつながることが現実に可能になった。これは、地球上に現在生存する数十億人の人類が、裸ではなくほとんど全員が衣服を着ているような「進化」いわば「情報化進化」を二一世紀初頭に起こしたともいえよう。

一九八〇年代の情報化のレベルは、二一世紀の現在から見ると、情報化進化前である。したがって、二〇世紀の臨教審答申の「変化への対応」の中の情報化に関する限り、古生物学の化石と同様な扱いをしなければならない。ある意味で、化石の研究は極めて重要であり、現在を理解するための必読書でもある。一九八〇年代末は、バブル景気の盛んなピークでもあったが、一九八七年の臨教審答申に提言された「インテリジェント・スクール構想」では、地域の教育・研究・文化・スポーツ施設などの文教施設を再編・整理することにより、地域共通の生涯学習、情報活動の拠点とすることが提言されている。文部省では、この提言を受けて、一九八八年度から「文教施設のインテリジェント化に関する調査研究」を実施し、その研究報告がなされている。これらの成果は、必ずしも二一世紀の情報技術水準からすれば、そのまま利用することができない場合も少なくないであろうが、情報化進化のルーツをたどり視野を広め、将来計画をする助けになっていると思われる。翻って未来への理解と予測をしなければならない。

6　おわりに——第四次産業革命の人材育成におけるシェアリング・エコノミー・マインドの共生

二一世紀の第四次産業革命を、二〇世紀の生涯学習体系型人材育成によって生み出された人びとが実現するわけであるが、その場合に使われる設備や場所について、二〇一六年から本格的準備が始まっている。以下に、その説明を行う。

その根底にあるのは、「デュアルモード」の考え方であり、比喩的にいえば、両棲類のようなライフスタイルつまり水中では魚のように、陸上では獣のように動き回ることができる生き物の存在である。ハードウェアとしては、通常の乗用車であるが、利用面では自家用車とタクシーのデュアルモードであるという両棲類的ライフスタイルが、むしろ支配的になった都市さえ現れ出している。その代表的な実例の一つが、「ウーバー（Uber）」であり、その誕生の前提条件が、スマートフォン（略称スマホ）の普及である。全員がスマホ利用者であれば、容易に「シェアリング・エコノミー」へ移行する。つまり、シェアリング・エコノミー・マインドをもった人びとは、スマホを常時身につけていなければならず、逆もまた真であり、結局両者は一体であるという結論に達する。しかし、両者はまったく独立した別の存在でもあるので、細胞内共生をするミトコンドリアのような、「共生」状態と理解するのが最も適当ではないかと考えられる。

三〇年も前に、スマホも存在しない状況で、生涯学習体系を研究しても、二〇世紀のレベルを超えることは不可能であった。二一世紀初頭に、ヒトゲノムの解読、クラウド・コンピューティングやスマホ（SNSのモバイル端末）が出現し、それらの技術的成果の急速な普及によって第四次産業革命が結実しようとしている。シェアリング・エコノミーを受け入れる心理的な背景（マインド）が、生涯学習体系で育てられた人材に共通に根づいていることは、二一世紀の発展を展望する場合、まことに心強い限りで重要な手がかりになる。

二〇二〇年までに、総務省は全国すべての小・中・高校に無線LAN「Wi-Fi」（ワイファイ）を導入する方針で予算措置（二〇一九年度までの三年間で計一〇〇億円を確保）へ動き始めたと報道されている。無線LANに必要なルーターの設置費用のうち五割を国が補助するというが、その財源は携帯電話会社などが国へ収めている電波利用料である。補助の対象は、国公立か私立かを問わず全国すべての小学校（二万一千校）、中学校（一万校）、高校（五千校）であり、各教室はもちろん職員室や体育館にもルーターを置いて校内どこでもネットにつながるようになる。導入後の諸費用は学校負担になるが、国の五割補助で普及率が大幅に高まるであろう。また、文部科学省の専門家会議がデジタル教科書を二〇二〇年度に導入する提案をしており、音声や動画を使った学習内容となり、印刷以外のメディアをも総合的に使える能力（メディアリテラシー）が無線LAN環境に呼応して養成されるようになり、二一世紀らしい人材育成ができるであろう。

現実の要求に応えるためには、大半の学校が地域の防災拠点に指定されていることが必要である。地震などの災害には、多くの住民が避難してくる。二〇一六年四月に起こった熊本地震では、大手携帯電話会社の基地局が一時数百カ所で止まり、周辺地域で携帯電話が使いにくくなった。無線LANの設備が幸いにして被害をまぬがれておれば交流サイト（SNS）や電子メール等で安否確認や支援物資の情報収集ができる。熊本地震の場合も大いに効果を発揮した。要するに、災害時の無線ＬＡＮ活用と、平常時の教育用の利用は、文字どおり国土における災害からの安全と、平常時の教育活動がシェアリング・エコノミーのモデルに当てはまる。もちろん、学校に限らず、公立の博物館や遺跡などの文化財、公園や自治体庁舎も対象にできるであろう。見方によっては、シェアリング・エコノミー・マインドは国土の安全性向上にも役立っている。二一世紀の第四次産業革命を担う人材は、生涯学習体系で育てられて、自ずと〝災害と教育〟のシェアリングに限らず、広くＱＯＬの向上と地域や社会への貢献を共生させる能力をもっと期待される。

第8章

「老化」を相対化せよ

——多次元宇宙が創造する「遊び」

1　はじめに——「遊び」の変化

「遊び」というキーワードには、必ずといってもよいほど、「子ども」という言葉が結びついてくる。これに反して、「高齢者あるいは老化」という言葉には、「遊び」との結びつきを示す記述は少ない。なぜだろうか。具体的な例を示せばジャレド・ダイアモンド著『昨日までの世界』（日本経済新聞社、二〇一三年）でも第三部「子どもと高齢者」の中には、〝子どもの遊びと教育〟の項はあっても高齢者の遊びはない。

本章では、この疑問を筆者なりに考えてみた。上記の書物でダイアモンドも指摘しているとおり、現代の高齢者が社会的に孤立する傾向にある理由は、社会から利用価値という面で昔より低く見られているという現象があるという。利用価値低下の原因として、現代人の識字能力の高さ、正規教育の普及、急速な技術革新の三つがあげられている。最後の技術革新について、本章では情報技術関連に重点を置いて、遊び自体の変化や、そのユーザー側、とくにユーザー・イノベーションなどに触れたい。

2 老化の医学的通説

今や、一〇〇歳以上の高齢者は何万人にも達する。二〇五〇年には、人口の約四〇パーセントが六五歳以上であると推察されている。要するに、老化あるいは加齢（エイジング）は、たとえ健康人であっても（いわゆる健康長寿者）、二一世紀の最重要課題の一つである。現在の医学的常識としては、生後から死に至るまでのプロセスが、動物を通じてほぼ共通であり、受精に始まり、出生、発育（成長）、成熟、衰退（退行）を経て死に終わる。成熟以後の心身の変化を老化と名づける。老化の中でも、すべてのヒト（ホモ・サピエンス）に遅かれ早かれ必ず生じてくる普遍的かつ進行性の心身の変化を生理的老化という。例えば、白内障、難聴、筋力低下、関節の摩耗、呼吸機能の低下、情動性衰退、閉経など、ヒトにとって一般には不利あるいは有害であることが多く、個体差が極めて大きいのも特徴である。一方、生理的老化の範疇を超えて病的な状況にまで至る現象、例えば高血圧、動脈硬化、糖尿病などの病型を経て、脳梗塞、脳出血、心筋梗塞、網膜症、慢性腎障害（腎不全）などは、病的老化として分類される。

老化の原因としては、プログラム説（遺伝子を構成するＤＮＡ配列の中に老化のプログラムが組み込まれている）や、細胞の再生過程に生じるＤＮＡ配列のエラーの積み重ねで起こると主張するエラー蓄積説などが提唱されているが、残念ながら老化の確かな原因はいまだ謎である。

一方、ヒトの寿命の個体差は著しく、長寿の家系の存在も明らかであることから、老化の程度を決める因子としては遺伝的素因が大きく、さらに、肥満、喫煙、運動、睡眠、社会活動なども無視できない。

平均寿命と健康寿命の差（現在約一〇年程度）が、病的老化現象の指標にほかならない。健康寿命を当面数年（最終目標は一〇年）延長できることが、人類にとって現実的な目標ではなかろうか。このような健康寿命目標達成レースにおいて先頭を切る努力こそ、真っ先に超高齢社会を実現した日本の責務であり、二一世紀国家ビジョンに重要な構成要素として含まれていなければならない。その達成のためには、相当な技術的経済的活力の創出（とくに人材育成）が要る。もちろん、生理的老化に関する基礎医学研究も不可欠であり、ｉＰＳ細胞を嚆矢として今後日本は大きな貢献ができるポテンシャルをもっていることは確かである。

3 老化と感染症、認知症

二〇世紀中頃に、医学史上初めて抗生物質と化学療法剤が発見され、多くの感染症が治癒できるようになった。例えば、結核症は一九五〇年頃までは「国民病」といわれており、日本人の死因の第一位を占める感染症であった。しかも、結核の死亡者のうちで若者の占める比率が高かった。しかし、二〇一一年の厚生労働省人口動態統計によれば、日本人の死因の第一位はがんであり、第二位の心疾患に次いで、第三位が肺炎である。依然として感染症が無視できないばかりでなく、結核の場合とまったく異なる点は、二〇一一年の肺炎死亡者（一二万四七四九人）のうち六五歳以上が九六・五パーセント（％）を占めていることである。それは、日本の高齢者比率が高いばかりでなく、高齢者においては自覚症状が乏しく発見が遅れやすい一方、進行は速い（一週間以内に落命するケースも少なくない）からである。高齢者は誤嚥性肺炎の危険性が高く、肺炎球菌など病原微生物は本来常在菌として口や鼻などに存在しており、免疫機能が弱ると侵入を許しやすくなって肺炎になる。

最近、二〇世紀の結核に入れ替わって現れた、二一世紀の国民病といわれ出したのが認知症である。二〇一四年に公表された認知症の高齢者数の推計値は四六二万人である。認知症予備軍とされている、ＭＣＩ（軽度認知障害）まで含めれば八〇〇万人以上に上るという。その原因となる病気は、数十種類に上るといわれており、アルツハイマー型が最も多く（六七・六％）、脳血管性（一九・五％）、レヴィー小体型（四・三％）、前頭側頭型（一・〇％）などに分類される。記憶障害等（中核症状）に加えて、暴言や妄想、徘徊、抑うつなども起きやすい。かつては、認知症は不治とされてきたが、原因となる疾患の中には「正常圧水頭症」や「慢性硬膜下血腫」、「ビタミンB1欠乏症」や「アルコール中毒症」など治療可能なものもあり、早期診断例（ＭＲＩによる画像診断）と早期治療で回復可能である。

4　老化と宇宙環境

宇宙飛行士が宇宙環境に適応する際に現れる急速な骨量減少や筋肉の萎縮など生体の機能変化が老化による骨量の減少や筋力の低下など諸症状に似ている。地上で長期間にわたって加齢にともなう老化の過程が進行するのに対して、宇宙では短期間に進行する。例えば、筋肉は寝たきりの患者の二倍の速さで弱くなり、骨は骨粗しょう症患者の一〇倍の速さで弱くなるという。さらに、宇宙飛行士は地上でさらされる平均的な自然放射線量の約半年分に相当する宇宙放射線量を一日で浴びている。また、狭い宇宙船内の生活に基づく精神心理的ストレスの影響など、老化現象を加速させると思われる宇宙要因が数多く存在している。宇宙で長期間飼育されたマウスから採取した皮膚を用いた遺伝子発現解析と、微小重力や宇宙放射線の影響、酸化ストレスや細胞周期、老化、寿命に関わる遺伝子群など遺伝子の動態と宇宙環境の関係がとくに宇宙環境での細胞老化や寿命の観点から研究されている。細胞老化を起こした細胞の多くは、細胞周期が停止し細胞の異常な増殖を防ぎ、がんの発生や炎症などを予防する生体の防御機構の一つではないかと考えられる一方、長期的には老年病や個体老化へつながる可能性も考えられる。結論として、宇宙環境は細胞老化を加速する可能性が強い。しかし線虫（*C. elegans*）についての地上での再現実験結果では、長寿化現象も見られており興味深い。

いずれにせよ、宇宙時代である二一世紀における長寿化は、人類の新しい宇宙観と深く関わっている。

5　老化と「遊び」

「遊び」は、無秩序さの尺度であるエントロピーが大きい状態であるとも解釈されているが、一方、老いたる個体が多い集団は一般に知識（それは同時に〝しがらみ〟にも束縛にもなる）が大きい。遊びと老化との関係において、二一世紀の宇宙科学で注目されている余剰次元が加わったモデル、すなわち宇宙多次元化の考え方を適用すれば、いかなる新知見が得られるであろうか。例えばカルツァ&クライン・モード（略称KKモード）と呼ばれる理論では、アインシュタインが相対性理論で導入した四次元宇宙を、さらに五次元へ「多次元化」することによって、いとも簡単にマックスウェルの電磁方程式を導き出せる。つまり、テレビや音楽などの老人が楽しめる電磁波的空間を、KKモードが多次元宇宙として創出しているとも考えられる。老人が好きな懐メロや素人のど自慢・紅白歌合戦などにしても、長寿娯楽の代表例として圧倒的な人気が続いてきたのは、元を正せばKKモードあってのことであり、二〇世紀後半になって、それが実生活の隅々にまで広く応用されたからである。さらには、老人の豊富な過去の記憶（知識）の情報量が固定化状態から、エントロピーが大きい「遊び」状態へ〝解放〟された結果であると解釈できるのではないか。要するに、KKモードがもたらした効果は、従来の宇宙空間次元の限界を超える、余剰次元追加による本質的に新しい遊びの〝誕生〟の物理学的基礎なのではないか。

リサ・ランドール（ハーバード大学物理学教授）の本、例えば『ワープする宇宙』（邦訳、NHK出版、二〇〇七年）や『宇宙の扉をノックする』（同、二〇一三年）などが、一〇万部にも及ぶ大ベストセラーである事実は、彼女が描く余剰次元追加による新しい宇宙像が、二一世紀の人びとをいかに魅了しているかを示している。この理論（コペルニクス的転換の二一世紀版ともみなしうる）においては、高齢者層が陥りがちな情報固定化を〝遊び〟によって解消するという原理が、どのような仕組みになっているのか、たしかに興味をそそられる新しい問題提起ではあるまいか。

6 二一世紀思想の基礎となる宇宙多次元化

マンデルブロー(一九二四―二〇一〇)のフラクタル次元(次元の実数化の提唱)と、CG(コンピュータグラフィックス)によって自在に描写されるVR(バーチャルリアリティ、仮想現実)の電子的映像表示が創り出す空間は、相互に極めて近い関係にあるという見解までなら、多くの人びとにとって抵抗なく受け容れられるであろうが、VR空間がフラクタル幾何学空間までも包含する根源的な役割を果たしているという説になると、必ずしも支持者は多くないかもしれない。しかし、ここではまだ少数派にすぎないVR空間根源論のアプローチを、あえて採用してみたい。その理由は、例えば前節で紹介した余剰次元(一九一九年にカルツァが考案)のイメージを説明するために、ロープを伝い歩きする蟻のメタファーがしばしば利用される。最近のスマートフォン(スマホと略)やタブレットで使われているタッチパネルでは、実際に指先のタッチで画面拡大・縮小の操作が自由に常時実行されている。つまり、VR空間を介した〝蟻から見た余剰次元の可視化のシミュレーション〟にほかならないという説明は、一般人にまで極めて容易に理解可能になってきたのは事実である。要するに、スマホ・タブレット時代の到来が追い風となって、〝VR空間根源論〟にとってはお誂(あつら)え向きに可視化シミュレータ利用による実験的研究やその発表（プレゼンテーション）が加速化され、同時に広く教育訓練・知識の普及活動が活発になり、VR空間根源論の信奉者が時間とともに増加していく時代へ突入しているのではあるまいか。しかも、それが遊びから始まることが少なくないという点をあえて強調したい。

ちなみに、素粒子物理学や宇宙論研究の最先端で脚光を浴びている理論物理学者たち（例えば、前述の米国ハーバード大学、プリンストン大学、マサチューセッツ工科大学において終身在職権をもつ、初の女性教授リサ・ランドール）は、余剰次元の実在をLHC（大型ハドロン衝突型加速器）で実験的に確かめられるはずだと期待している。したがって、一七世紀科学革命における微積分学という新しい数学的手段が果たした役割と同様に、二一世紀の科学研究における新兵器として、VRがクローズアップされてくるのではあるまいか。つまり、人類は四世紀を隔てて新しい概念である余剰次元（かつての科学の近代化における「運動」概念と同様に）を効率的に表現し、演算し、設計するツールとして、万人がVRを広い分野（最先端科学からハイテク、さらには娯楽に至るまで）で共用するに至ると予想される。結局、近代解析学（微積分）におけるニュートンやライプニッツやオイラーたちによってなされた見事な体系化が、VRにおいても今後同様に「体系化」の作業が進み二一世紀のユニークな研究開発ツールに育つのではなかろうか。

さらに、CGと脳科学（ニュートンとライプニッツの時代には存在しなかった）分野での可視化の最近の目覚ましい成果によって、広く社会常識（例えばデイヴィッド・ドイッチュの新著『無限の始まり』インターシフト、二〇一三年）にまで影響を与えるであろう。

余剰次元の活用によって宇宙多次元化が起こる時、宇宙内にあるほとんど全部が変わるはずである。もちろん、グーテンベルク印刷術も、電子書籍なども、影響されるから、その影響の範囲は学術や文化面にまで及ぶに違いない。

7 高齢社会の本質

欧米先進国へ海外留学を志望する青年たちの数が激減したことを憂うる声が少なくない。他方で、アジアなどへの留学体験者への評価が、総じて高くなった（頼もしいと喜ぶ声）のはすでにかなり以前からの現象である。いわゆる〝失なわれた二〇年〟が始まる直前ぐらいには、トップランク（最優秀）のポスドク（博士号取得直後の若手研究者）が「へえー、アメリカ人もやればできるじゃない」などという、過信ともとれるようなつぶやきをこともなげに口にするのを耳にし、愕然とした記憶がある。筆者が初めての海外留学出発の時（一九六三年）、横浜港の岸壁へ大学の学科主任教授から事務員のおばさんまで大勢見送りにきたという、まるで戦争中の出征兵士並みの体験をした上、アメリカ大陸でメイド・イン・ジャパンに対するあまりの悪評に落胆させられた苦い経験をした筆者の世代にとっては、まさに想像を絶する変化であった。二〇一四年に四半世紀前のポスドクは定年間近い長老現職教授になっており、筆者自身も名誉教授の古手に属し、典型的高齢者となっている。

そのような高齢者たちが、二〇一〇年代中ほど以降は、〝空前の一大変革〟の時代を迎える形勢になってきており、その結果二〇一三年夏出版した拙著『複素数「解」の時代』(H&I)においても、出版後半年経って、この時代の激変にどのような対応をするのかが問われるはめになった。幸い、その半年の間にタイミングよく、〝全本(whole book)〟という新方式を開発できたので、従来型の出版物、いわゆる〝実部本(real-part book)〟の使用だけでは不可能であった〝時代の激変への即応能〟を、QRコードを活用した〝虚部本(imaginaly-part book)〟を随時附加することによって、獲得できるようになったので、根本的な解決ができた。

高齢社会の本質的問題点は、いろいろな意味で実部本の偏重にすぎ、虚部本の軽視に傾く嫌いがあったことである。もちろん、逆に過度の虚部本依存・実部本切り捨て論にも、拙速・未熟の弊害は少なくあるまい。全本の理想は、実部本と虚部本の一体化にほかならない。さらにいえば、虚実両部本の一体化の理想である全本の真意は、単に虚と実の混合物としてではなく、相互間のフラクタル幾何学(奈良時代以来の華厳経が説く因陀羅網)的な結合、つまり〝化合物にな

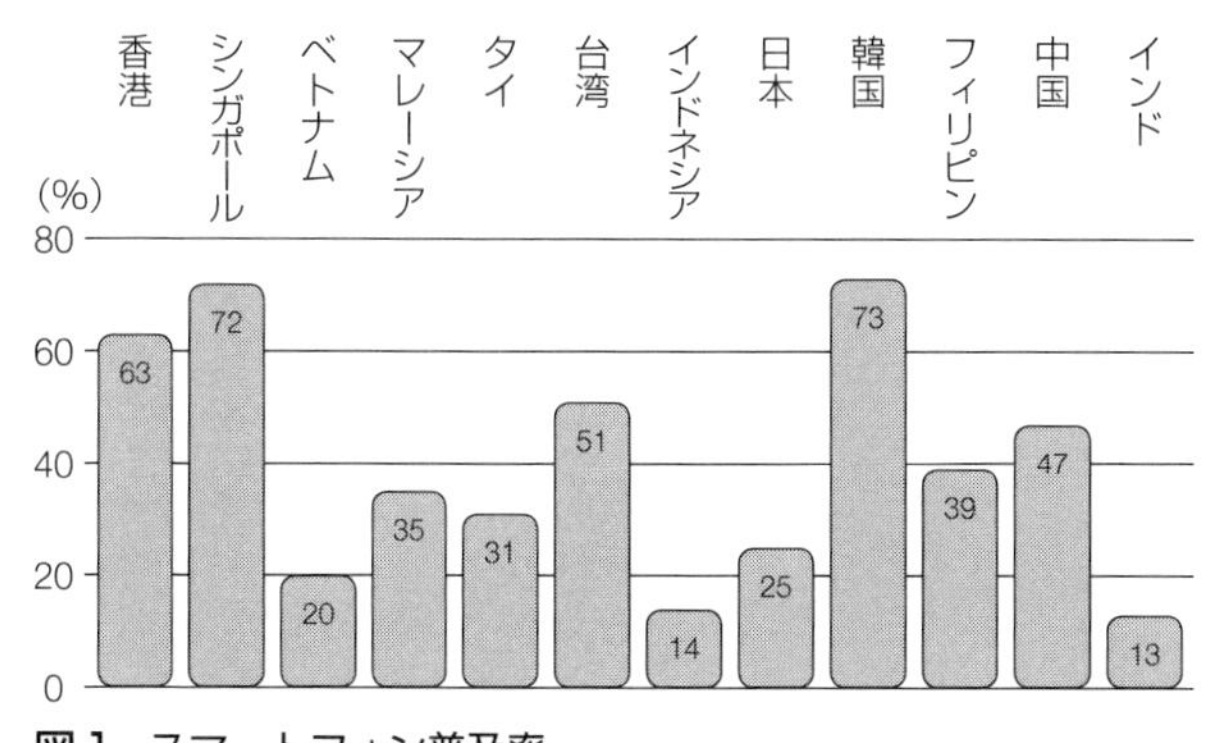

図1　スマートフォン普及率
出所：米グーグル調べ 2013 年 1 月〜 3 月

る〟ことにほかならない。大小各種のレベルの諸集団においても、その二〇一四年以降の盛衰の鍵は、高齢社会の進行にともなう全本の普及と、その運用の成果いかんにかかっていると思われる。

ちなみに近年アジアなどへの留学中の青年たちが体験しているに違いない、モバイル通信（携帯電話やスマホなど）の普及率に現れている日本の遅れは衝撃的である。とりわけ、図1のとおり、スマホ普及率（米グーグル〔Google〕社の二〇一三年一〜三月時点での調査）では、一位の韓国七三％に続き、シンガポール七二％、香港六三％、台湾五一％。中国四七％、フィリピン三九％、マレーシア三五％、タイ三一％が並んでおり、二五％の日本はベトナム二〇％、インドネシア一四％、インド一三％とともに、むしろ最後尾集団に属している。このグーグル社の調査時期からすでに約四年以上経過している現在は、ランキングは相当変わっているはずではあるが、いずれにせよ相当高いポテンシャルをもっているはずの日本の出遅れが浮き彫りになっていること自体がほとんど自覚されていないのは、いささか深刻な問題ではなかろうか。全本普及についても、二〇一四年年初に米国ラスベガスで開かれた第四五回ＣＥＳ（Consumer Electronics Show）の活況を見ると、今後も同様な日本の遅れが起こらないかとの憂慮の色が濃くなるばかりである。要するに、各種通信デバイスの普及率における上記の国際比較の分析からの未来予測は、決して明るくない。とりわけ、日本の代表的三大家電メーカーの二〇一三年における挫折は、消費財より圧倒的に中間財のウェイトが大きくなってきていた日本経済の成長実態を、戦略的に読み違えてしまった致命的誤算に起因するとの厳しい世論の批判の声は収まらない。したがって、二〇一四年以降の未来予測においても、同様な戦略的錯誤が繰り返されないかとの懸念が拭えないわけである。

要するに、精神的な情報固定化現象（いわゆる〝昔おぼえ〟）こそ、最も深刻な「老化がもたらす危機」なのかもしれない。例えば、余剰次元を受容しない情報固定化に陥れば、文明の盛衰を左右する宇宙観の変化に対応できず、救い難い硬直化を招くことになりかねない。

8 「遊び市場」が伸びるアジアに注目

ここで話題を変えて、現実の経済活動面に目を転じよう。二〇〇〇年代の世界各国における、映画、コンサート、スポーツ、遊園地等を対象（ＤＶＤ、楽器などの消費財は除き）とした、いわゆる〝レジャー・娯楽サービス市場〟を調査・分析した結果（三井物産戦略研究所実施）から読み取れる世界的動向の特徴は、アジア各国（日本を除き）の二〇〇〇年代における成長度合いが、所得の伸び盛りの国々を反映して約二〜三倍に拡大していることであり、しかも今後の成長余地も大きく、企業活動の旺盛さも際立っている。内容をかいつまんで紹介すれば、二〇〇〇年から二〇一一年までの伸び率ランキングの第一位は中国とフィリピンの二国であり、二〇〇〇年比でそれぞれ二・八倍の同じ伸び率であり、一人あたりのレジャー支出額（米ドル換算）は、それぞれ一〇五ドルと二一三ドルであった。第三位と第四位は、ベトナムとインドネシアで約一・九倍、一人あたりは七一ドルと二五ドルであり、第六位のインドは一・七五倍で一人あたり三二ドルである。第五位の韓国は一・八〇倍で、一人あたり九四三ドルである。日本は第七位で、一・〇一六倍と一人あたりは九九八ドルである。日韓両国は、一人あたり約一〇〇〇ドルと並んでいるが、伸び率では韓国は依然として約二倍というアジア各国と同列であるのに対して、日本はほとんど伸びていない。タイは二〇一一年の洪水の影響が大きいので除外すると、世界平均（伸び率一・三三倍、一人あたり一七三ドル）に比べて、アジア各国の「遊び市場」が急成長していることは明らかである。国内で遊び市場の飽和状態が定着した日本企業にとっては、海外とりわけアジアの成長市場をめざすのは当然である。そもそも、その本性において「ホモ・ルーデンス

〈遊ぶヒト〉」でもある人類にとって、遊び市場を通して見た未来動向予測は、決して軽視されてはならない本質的なシグナルである。古来「よく学び、よく遊べ」という格言からも推察されるとおり、学問自体も遊びと表裏一体である。

とくに二〇一〇年以降、スマホとタブレット普及の影響が決定的になってきた。前節で強調した、アジア諸国の経済成長が史上空前の規模でグローバルな一大産業構造変革を促している現実を直視しなければならない。例えば、スマホ利用の延べ人口（スマホの加入台数）における今後四年間の世界各地域の予想を見ても、東南アジア主要五カ国とインド、中国を加えたアジア全体で、スマホ加入台数が、二〇一三年には、すでに一〇億台規模に膨らんでいる。これに対して北米は二・八億台、欧州は三・六億台で、合計六・四億台にすぎない。これが二〇一七年になると、アジア合計では二二億台を上回り、北米は四億台、欧州は五・二億台、合計九・二億台と予想され、その差は開くばかりである。その中で、日本の台数は二〇一三年の七二〇〇万台から二〇一七年には一・二億台へ増えるが、単独ではマイナーな比重しか占められない存在である。円借款累計の統計などから見ても関係が深い東南アジアの二〇一七年見込みは三・五億台に日本を加えれば五億台弱となり、北米を抜いて欧州に迫る規模になる。同様な関係が深いインドの六・七億台を加えると合計一一億台を超える。ちなみに中国は、二〇一三年の六億台から二〇一七年には一一億台と予想され、国単位では最大の保有国の地位を持続するであろう。

ここでスマホ・タブレットとPC（パソコンの略）の間に最近起こっている関係の変化を、世界出荷台数のデータから多少触れておきたい。まずPCについては、最近まで文字どおり分散型の個人ペースでのIT（情報技術）諸作業の中心的存在であった。二〇一〇年以降、PCの世界出荷台数は漸減傾向を離脱することができず、ついに年間四億台弱の水準を割って、二億台水準に近接している。それは企業活動の場よりも、むしろ一般の生活面での変化に起因するところが大きい。これとはまったく逆の傾向をタブレットの出荷台数が示しており、二〇一〇年の発売開始から二〇一三年までの間に二億台程度の年間出荷台数にまで増えてきており、おそらく二〇一四年頃にはついにPCを上回り主と従が逆転しそうな形勢である。スマホについては、上記のごとく全世界で出荷台数が激増し、二〇一〇年には三億台にすぎなかったのが二〇一三年には一〇億台に達している。この急激な三倍増の影響は、単に産業面のみにとどまらず、モバイル中心の高度化された新ITモードが社会の隅々にまで行きわたり、完璧なモバイル〝信仰〟へと全人類がシフトすることを意味している。この「モバイルマインド・シフト」こそ、〝二一世紀の特徴〟的潮流となろう。また、モバイル化の結果、必然的に生物進化史的時間感覚にまで拡大する方向と、脳科学や情報科学の領域への拡大とが起こり、それらが相乗的現象（シナジー）を起こすに違いない。その結果、二〇世紀に発生した物理的（無生物世界の）科学と生物的（非物理世界の）科学の両方で、〝カンブリア紀生物進化の大爆発〟に匹敵するほどのミーム多様化が同時並行的に進行するのではなかろうか。この「ミーム」（DNAによる物質的遺伝子「ジーン」に対して、ドーキンスが提唱した文化的な遺伝子）の多様化にともなって、特筆したいことは情報的にその変化を表現する手段つまり方法論の基本的フォーマットが、現行のビット中心からキュービット（量子ビット）中心に拡張されることが、将来確実視されるようになった。この〝ビット→キュービットシフト〟は、カンブリア紀以後における生物進化の加速化や、バイオスフィア（生物圏）の拡大・放散に匹敵する。つまり、キュービットというキーワードに代表される、空前の巨大な文明ショックに人類全体が襲われることになり、「遊び」の意味もキュービットに対応した新しい内容に進化することが予想される。

モバイルマインド・シフトに関連して、とくに少子化に悩む日本にとって、最近遊びとロコモーティブ・シンドロームの関係が問題になっている。通常、ロコモーティブ・シンドローム（運動器の機能不全）は、高齢者の問題、とくに健康長寿という観点から論じられることが多い。しかし、最近では子どもにおいても、無視できないほどの新しい調査対象として重要視され出している。例えば、一二～一四歳の最も身長が伸び盛りに、運動不足の場合と過剰の場合に二極化の形で発症するという警告が発せられている（NHK総合テレビ番組「クローズアップ現代」二〇一四年四月二三日放映）。運動不足の原因の一つが、スマホなどモバイル情報端末ばかりに没頭する子どもたちであるということは容易に想像されるが、意外にも、むしろ活発にスポーツに励んでいる子どもたちにもロコモーティブ・シンドロームが多いというデータがある。要するに、適度な運動が必要であり、それは「多様な遊びをほどほどに」することにほかならない。つまり、過剰に特殊な運動に偏った長時間トレーニングは、ロコモーティブ・シンドロームへの危険が増す。遊びとロコモーティブ・シンドロームの問題を研究する場合、もちろん運動機能面に限らず、脳科学からの考察も加えてみる必要がある。

9 ユーザー・イノベーションを触媒するQRコードとクロマキー

ユーザー・イノベーションというキーワードは、一般のユーザーがスマホやタブレット端末などのコモディティ化した情報機器を自分で自由に操作して、アプリケーション・ソフトウェア（略称アプリ）を巧みに組み合わせたりしながら、自作の情報発信が実現できることを意味している。これは「遊び」のイノベーションの観点からも、重要な変化だと考えられる。

インターネットの進展とモノ造りのロングテール現象がもたらす二一世紀の産業革命を考えるとき、「３Ｄプリンター」に代表される「『ｅモノ造り』の最前線でのユーザー・イノベーション」こそ、その革命実現を占うシグナルであり、「遊び」にも影響するかもしれない。

クロマキーもＱＲコードも、すでに一〇年以上も昔から実用化している。少なくともメーカー側の人びとにとっては、いわば周知の技術であるが、最近数年間におけるスマホ・タブレットの急激な普及によって、それらの既存技術が本来もっていたユーザー側にとってのポテンシャルについて、その評価へ決定的な影響が出始めている。要するに「ユーザー能力の変化」が主たる原因であり、当然「遊び」も含めたユーザー・イノベーションの典型的事例として注目されてきた。

そもそも、歴史認識という、いわばマクロの視点は、実は身辺の日常的なミクロな視点と表裏一体となった、フラクタル的構造が形成されたときに、初めて実現への牽引力となれる。身辺の「遊び」についても同様であろう。フラクタルとは、一九七〇年代にマンデルブローによって体系化された比較的新しい幾何学であるが、わが国においては古く奈良時代に国家宗教の経典として華厳経が採用され、〝一即多、多即一〟の思想（まさにフラクタル概念）によって日本全土に国分寺建立という実体経済ネットワークまで実現したという、前例が存在する。国家経営の指導理念であった華厳経は、いわば現在のインターネット上の情報コンテンツに相当する、バーチャルリアリティにほかならない。

10 量子宇宙観の形成に費やされた二〇世紀を踏まえた二一世紀の飛躍

量子宇宙観の確立に費やされたのが二〇世紀の運命であり、情報科学技術と宇宙航空科学技術の確立した世紀でもあったが、遺伝情報（ゲノム）を始めとして生命科学が本格化した時代でもあった。さらに、脳科学の躍進もその中に加えると、豪華絢爛たる空前の全面的大躍進が始まり、世界全体が安定から発振状態に移り、情報ネットワークへの発信量も桁違いの時代へ突入したといえよう。

ヒッグス粒子発見への執着からも読み取れるのは、人類の生物進化史上における大宇宙航海と極微の量子宇宙の両宇宙へ向けた同時二正面的適応、つまり量子宇宙環境との、生命現象のマッチングにほかならない。その観点からすれば、今や五億四三〇〇万年前（カンブリア紀）の生物進化史上最大の生物多様化の爆発的増大に匹敵する。ともに、その結果がもたらす「淘汰圧」こそ、破天荒な波及効果として顕在化していく劇的変化の源泉である。アンドリュー・パーカー提唱（二〇〇三年）の「光スイッチ説」が指摘したカンブリア爆発の起爆剤（ないしは触媒）としての「眼」の誕生に相対する、〝二一世紀版の眼〟とは何かという課題こそ最大の関心事である。

そもそも、本質的に「眼」はインターフェイスである。量子宇宙観に従えば、ビットは当然キユービットに拡張されるべきである。従来、キュービットは肉眼で見ることができなかった、超ミクロの世界に隠された余剰次元である。要するに、二一世紀の量子宇宙観とは、ジョン・ウィーラー提唱の「キュービットから得られるすべて」である。したがって、「キュービットでできた新しい本」が要る。当然、QRコードも3Dプリンターもキュービット対応つまりキュービタルでなければならない。そもそも、ビットは二〇世紀のデジタル通信研究からシャノンによって確立された基礎概念であった。二一世紀のキュービット・フロンティアは、キュービタル・モバイルとでもいえるような異次元（一種の余剰次元）を誘発する可能性を多分にはらんでおり、その可能性の中に新しい「遊び」への進化も重要な構成要素として含まれるに違いない。

11　文明、印刷、郵便、鉄道、科学革命、産業革命

ニーアル・ファーガソン著『文明』（勁草書房、二〇一二年）と同『劣化国家』（東洋経済新報社、二〇一三年）でも詳述されている、西欧的視座からの盛衰のメカニズムを展望することは確かに興味深い。とくに、グーテンベルク印刷術の宗教革命への影響以上に、科学革命へのそれを強調している着眼点は注目される。さらにいうならば、ブローデルの地中海からの視点も、古代ペルシャ以来の文明との連携まで加えて、歴史の流れに沿ったシミュレーションとして熟読玩味

してみる価値があろう。つまり、文明の重心が大西洋からアメリカ大陸を経て太平洋へ移動している二一世紀の現状に身を置くわれわれにとっても、日本列島という地理的に特定の観測地点から眺めた「ビジョン」を構築することに少なからず役立つのではなかろうか。

グーテンベルクに端を発した印刷物の流通、とりわけ郵便のもたらした効果は、その歴史が示す変遷をたどりながら、情報ネットワークの本質を掘り下げる場合に大いに参考になる。まさに、温故知新であり、かつてのマクルーハン提唱のメディア論(一九六〇年代に一世を風靡)も、〝紙から電子デバイス〟へのメディア跳躍に関する予言者的意味論の展開であった。半世紀前の人びとの間に、なぜあれほどの熱狂的反響を呼び起したか、改めて検討する価値があろう。そして二〇一八年の今日、世界中の人びと、とくに従来後進地帯であると思われていた、インド・東南アジアや東アジアにおいて、スマホ・タブレット端末は、その普及台数はもちろん、クラウド・コンピューティングのネットワークサービスの影響を最も量的に多く受けて、熱狂的に成長力が旺盛であり、今後三年で倍増が予想されている現実が「遊び」の面にも必然的に強い影響を及ぼすに違いない。

かつて、郵便全盛時代には〝産業革命の雄〟鉄道の役割が決定的であった。その輸送ネットワークが熱狂的に全地球上へ広がったように、今インターネットは文字どおり地球全体を、電子情報ネットワークで包み込んでしまった(ラッピングされた地球)。つまり、一世紀を挟んで郵便・

鉄道網が電子情報・航空網に置き換わったのである。その結果、空間に結びついた時間を扱う〝科学と技術〟が抜本的な変化を遂げるに至った。したがって二一世紀は、それを反映した科学革命と産業革命が避けられない運命にあり、それを準備したのが二〇世紀の科学進歩にほかならず、相対性理論と量子物理学の発達がその代表であった。二一世紀の「遊び」はこのような背景をもちながら進展していくに違いない。

12 眼の誕生――光子が神経網内の情報に転換

今を去る五億四三〇〇万年前、「淘汰圧」が突如高まり、生物進化が急激に加速した、いわゆるカンブリア紀の爆発的生物種の増加が実現した。そのためには、十分な光源（光子の発生）と、その大気中通過を可能にする透明度上昇という環境条件が加わり、その結果として地球表面で生物進化の爆発を可能にする環境条件変化が全部揃うことが必要であった。

フォトン・センサーとしての眼を、脳回路（視覚情報処理領域関連）と一体にして考える、生物の形態学（モルフォロジー）という近代科学の最も頑丈な方法論的基盤が形成され、ゲーテの時代（形態論の隆盛）以来その精緻な体系的拡張に執着し続けた西欧文明は、眼の場合にもついに決定的な終着点にたどり着いた。その特徴は、網膜（レティナ）を脳組織の突出と理解できるという解剖学的証拠を見出したことに如実に現れている。ちなみに、幼児が往々にして眼鏡をかけると文字が読めるなどと誤解するのも、網膜と脳組織の一体性を理解できないためである。要するに、フォトンという物理的実体が神経回路網内の情報（信号）に変換されるプロセスこそが、眼の誕生の本質的な意味である。これは他の感覚器官においても、基本的には同様であるが、眼の進化の場合には、その精度の向上が他の感覚器官の進化に比べて極めて不連続的な急上昇をした点が注目される。視覚の精度という場合、空間的分解能（映像の空間的構造の細部を見分ける能力）と時間的分解能（映像一フレームの処理時間）がある。たとえば昆虫の時間的分解能は、ヒトに比べてはるかに優っていることが多く、容易に捕まえられないことを経験する。ヒトの場合においては、顕微鏡や望遠鏡を用いて空間的分解能を高め、時間的分解能は高性能な時計を開発することによって達成している。このような知識を「遊び」の分野にどのように応用することができるであろうか、まだその研究開発は始まっていないようである。

13　予想される〝大進化〟の本質〝相対比の極致〟と「遊び」

ＩＴにおける〝ビットの量子ビット化〟、生命科学におけるエピジェネティクスへの展開やｉＰＳ細胞の臨床応用の進展やオートファジーの新分野開発、さらにナノテクノロジーがもたらすエレクトロニクスに続くスピントロニクス・フロンティア、宇宙科学におけるハビタブル（生命居住可能な）惑星の発見など、二〇一八年現在、人類は未曾有の〝大進化〟を遂げようとしている。偉大なる物理学の世紀といわれた二〇世紀の諸々の驚異的発見や大発明の成果が、今や〝古典的知識〟に見えるほどに、「二一世紀のビジョン」は飛躍的大変化であり、それは科学技術の分野にとどまらず社会全般へ決定的な影響が波及するに違いない。

その二一世紀ビジョンの根底に、共通する本質は何かを考えてみよう。例えばその作業仮説として、〝自己の相対化〟を採用してみるといかなる展開になるか。コペルニクスの地動説以来、地球の相対化の概念は数世紀の歴史をもち、そのルーツにまでさかのぼれば、多くの史実を学ぶことができる。二一世紀には、おそらく「もう一つの地球」が〝宇宙観測によって科学的に確実な存在〟として確認される確率は極めて高くなっている。これは〝相対化の極致〟であるともいえよう。このような時代背景を踏まえて、二〇一八年の夏ごろには、地球上のあらゆる在来のシステムが相対化の影響を受ける結果、老化も「遊び」も相対化の観点からの新展開が始まるのではあるまいか。

14 おわりに――老化の相対化がもたらす「遊び」

ジャレド・ダイアモンドが列挙した、高齢者の利用価値低下を起こした三原因のうち、技術革新以外の二つ（現代人の識字能力向上と正規教育の普及）は、古い時代に高齢者がもっていた絶対的な知識独占の優位性を崩し、相対化が進むことを意味している。さらに、技術革新の成果として高齢化による肉体的なハンディキャップが解消できれば、老化即弱者という物理的な若さの優位性の喪失も予想されるから、老若間の相対化が起こるはずである。そのような〝老化における相対化〟が全般的に実現可能になれば世代間に共通する新しい遊びが続々と創造される日が訪れるかもしれない。

第9章 長寿・高齢化を逆手に取れ
――ソーシャル・キャピタルの効用

1 はじめに――ソーシャル・キャピタルの投入で健康長寿へ挑戦

この一〇年余りでの高齢化の進展は、瞠目すべきものがある。古来、不惑と称される四〇歳を境として、個体のハードウェア面の成長は、ダウン・トレンドに移行し、成長の中心は専らソフトウェアに替わる。一方、世界一の長寿国であるわが国では、二〇一五年九月一五日現在、平均寿命は男女ともに八〇歳を超え、一〇〇歳以上の生存者も六万人を数える。六五歳以上の高齢者も三三八四万人で総人口の二六・七パーセント（%）に達している。このうち八〇歳以上は、一〇〇二万人（総人口の七・九%）と、初めて一〇〇〇万人を突破した。

また、労働力調査（二〇一四年、総務省）では、六五歳以上の就業者数は六八一万人（就業率二〇・八%、うち男性二九・三%、女性一四・三%）で、一一年間連続で増加しており、欧米主要諸国を上回る特異な現象を見せている。この生涯現役化の動向を生み出している動機づけは何かを探ってみると、独特の仕事への満足感の追求とプライドの存在が浮き彫りになってくる。不幸にして、これが軽視される場合、救い難い高齢化オーナス観が支配的になってしまう。それは高齢者自身にとっても、絶望的な終末期を迎えるという最大の不幸を意味している。高齢者が抱く未来心理の明暗を分ける時期は、概ね四〇歳から六〇歳の期間ではなかろうかと筆者は考えている。つまり、その期間は、六〇歳いわゆる還暦以後の本格的な高齢期への貴重な準備期間であると考えられる。

この準備期間に、ソーシャル・キャピタルを効果的に集中投入することが望ましい。すでに、幼児期教育へのソーシャル・キャピタル投入効果を推奨する経済学が近年活発に研究されている。同様に前高齢期（四〇～六〇歳）へのソーシャル・キャピタル導入は、幼児教育への場合に劣らず、決定的な効果を発揮するのではなかろうか。

総務省は、二〇一五年七月二八日、総務省情報通信政策研究所「未就学児等のICT利活用に係わる保護者の意識に関して」と題する調査報告書概要版を公表した。その中で注目されるのは次のような点である。保護者が子どもに情報通信端末を使わせている場合の利用率は、〇歳児で一〇・五％、一歳児で一六・六％、二～三歳児で三〇％台、四～六歳児で四〇％台、小学一～三年生は五一・八％、四～六年生は六八・七％であった。また、第一子よりも第二子以降の方が同一年齢でも利用率は高く、例えば〇歳児では二一・〇％である。

使用端末の種類としては、未就学児では過半数をスマートフォン（スマホと略す）が占めており、全年代を通じてユーチューブ（YouTube）などの動画閲覧アプリが、六～七割と多く利用されている。つまり、原体験が動画でモバイルの世代が出現し増殖し始めている。

このような統計データと、スマホ・タブレットの普及のグラフを合わせて眺めて見れば、「ようかい体操第一」ユーチューブへのアクセス数が一億回に達した現象、つまりマクロの時流も自ずと首肯できる。しかし、他方でミクロのバイオメディカルなメカニズムの解明が独立に進められて、マクロの結果が裏づけられなければ十分とはいえない。その一つの有力な理論的根拠が、「エントレインメント」であり、その実験的立証である。最近の経済学においても、ノーベル経済学賞受賞者が、いわば「エントレインメント」を基礎においた経済学書を出版して注目されており、ここではその内容までには入らないが本稿の他の箇所で後述したい。

そもそも平均寿命の延長を達成したわが国が、次に目標とするのは健康長寿であるといわれている。しかし、健康長寿によってもたらされるものが、四〇歳以前の活動の単なる延長にすぎないだけでよいのであろうか。むしろ、三〇歳台以下ではできなかった一段とハイレベルへと向上できる可能性があるのではあるまいか。その可能性の探究と具体化への挑戦こそ、四〇歳台以上の人びとがもつ特権であり、使命ではあるまいか。つまり、健康長寿をエンジョイしつつ、ユニークな社会貢献によって得られる満足感と、その結果健康自体を維持・継続するという好循環の基盤を確立することによって、高齢化オーナスをボーナスへ反転できるのではないか。

2　ソーシャル・ブレインズからソーシャル・キャピタルへ

前節で指摘したとおり、バイオメディカルなメカニズムを解明することから始めよう。「進化の隣人」と呼ばれるチンパンジーが、動物の中では最もヒトに近い能力を示しながら、共感や教育などを生み出す「社会脳（ソーシャル・ブレインズ）」の機能が欠如していたために、不幸にして決定的なハンディキャップを背負う運命をたどるはめになった。その結果、複雑な社会組織や言語によるコミュニケーションなどを、ついに手に入れることができなかったのである。なぜヒトだけが「ソーシャル・ブレインズ」を獲得できたのであろうか。

過去十数年にわたる社会脳研究は、日本において長い伝統をもつ霊長類研究に、新興分野の脳認知科学が加わったのみならず、自閉症研究などの発達心理学的研究さらにはロボティクス研究まで合流して、いわば、よってたかって社会脳のメカニズム解明をめざす状況に至っている。しかし、まだ現在の研究水準は必ずしも高度ではない。例えば〝鏡に映った自画像を自分だと認識できるのはいくつぐらいか？〟とか、〝自分で自分をくすぐるとくすぐったくないのはどうしてか？〟とか、〝他人が注意を向けているところが理解できて、そこへ視線を向けることができるのはなぜか？〟など、むしろ〝原始的〟テーマが取り上げられており、それらを解決した先に初めて社会脳のメカニズムが浮き彫りになるとの期待感がにじむ。要するに、科学的挑戦が確実に始まってはいるが、他者の心を理解・共感する社会脳、つまり自己と他者を認知する脳の核心に迫るには力不足の感が否めない。

そもそも、チンパンジーも、「文化」「道具利用」「言語（シンボル操作）」「政治」「心の理論」などに関して、他の動物に比較すればヒトに近い能力を示すけれども、いずれも萌芽的段階にとどまっており、社会脳の欠如は決定的であり、それこそが生物進化系統樹におけるヒトの進化との〝分岐〟点であった。

一方、「ソーシャル・キャピタル」の日本語訳は、通常「社会関係資本」であり、ストレートな「社会資本」という訳語が、あえて回避されている点には注意を要する。ヒトがもっている社会的資源や価値（資本）を、ピエール・ブルデュー（一九三〇―二〇〇二）は、文化資本・経済資本・社会関係資本に三分類した（一九八四年）。ブルデューの社会関係資本とは、極言すれば〝人脈〟にほかならない。その後、ジェームズ・コールマン（一九二六―一九九五）が個人のもつヒューマン・キャピタル（人的資本）に対置して、ソーシャル・キャピタルを人と人との間に存在する信頼、つきあいなどの人間関係、中間集団（個人と社会の中間に位置する地域コミュニティやボランティア組織など）の三者に絞り込んだ（一九九〇年）。それ以外にも、ＯＥＣＤを始めとして国際関係の場でも用いられているし、国内的には大災害の復興過程でも取り上げられることが少なくない。ちなみに日本語で「社会資本」という場合は、専ら電気・水道・道路等のハードウェアの資本、いわゆるインフラストラクチャーを意味している。これらの言葉の使用例の広がりを見ても、いささか発散気味な印象が拭えないとして批判する向きも存在する。

このような言葉の問題を背景にしつつ、あえて積極的に周辺の関連諸領域との連携を取り込もうという立場もある。本稿もその方向に沿うものであり、前記ソーシャル・ブレインズのような自然科学的アプローチを、存分に利活用したソーシャル・キャピタル路線を逐ってみたい。それは、自然科学と社会科学のハイブリッド化ないしは共生現象を意味しているとも理解できよう。

それは、リンネの徹底した生物分類学への執念（確信に満ちた当時の時代精神）が生み出した、分化を基調とした生物進化の系統樹の世界が、一九〇五年（奇しくもアインシュタインの奇蹟の年）のメレシコフスキーの〝生物種の分化と共生〟を包含した新系統樹へと脱皮した大転換にも共通する。この二〇世紀初頭に起こった現象が、二一世紀初頭にも再認識されようとしている。しかも、それは単なる循環（サイクル）現象ではなく、まさに〝代替わり〟であり、観方によってはまったく一新している。いわば、伊勢神宮の「遷宮」方式にほかならない。老朽化と更新化が表裏一体化した反復・継続の新陳代謝世界観でもある。変化を積極的に活用した不易流行実現の哲学かもしれない。このパラドックスめいたアプローチは、案外バイオと呼ばれる概念の根幹を形成しているのではあるまいか。二〇世紀中頃より、同位元素トレーサーやノックアウトマウスの研究結果から、生物の個体は「機械」ではなく「動的平衡」であり、「相補性」（ジグソーパズル方式による形態不変性保持）が長時間安定持続の鍵であると考えられるようになった。起死回生の常態化がバイオだとすれば、その対極が鉱物の世界であり、文字どおりエントロピー増大と時間の矢の〝物理学〟領域に帰属する。物理学の二〇世紀と、バイオの二一世紀は、二極対立するのではなく、重層化していると考えるべきではなかろうか。

しかし、問題はこれで終わらない。光学顕微鏡の解像度の限界以下が見えなかった一九三〇年以前には、ウイルスは見えなかった。野口英世は一九二八年黄熱病で斃（たお）れた。一九三〇年代に電子顕微鏡（光学顕微鏡の一〇〜一〇〇倍の倍率）が開発される直前の悲劇であった。黄熱病も狂犬病も、ウイルスが病原体であり、大腸菌などの一〇分の一以下の大きさであった。しかも、ウイルスは栄養摂取も呼吸も排泄作用など一切の代謝を行わない。精製して「結晶化」することさえできる。鉱物に似た「物質」であるのに、自己複製能力を備えているのである。ウイルスの殻（タンパク質）内部のＤＮＡ（もしくはＲＮＡ）がその能力の源である。つまり、ウイルス単独では何もできないのに、細胞に寄生して自己複製（増殖）できる。要するに、生物と無生物の「あいだ」に実在するわけである。長い論争の末、一応ウイルスは生物ではないとされている。生命とは自己複製システムであるという定義のみでは不十分であると考えられている。

その結果、ウイルスの存在が意味する「自然像」とは、単純な生物・無生物の二極化モデルを否定するものであり、もっと豊かな多様な可能性が示唆されたとも考えられる。進化の過程も複線化(絶対的な単一ではなく、量子宇宙におけるファインマンの経路積分のように)しており、相対化したパラレル・モデルで考えるのが望ましいということになる。量子論的な宇宙観がクァンタム・パラレリズムといわれるように、古典力学の絶対主義からの相対主義へのシフトにほかならない。

ソーシャル・キャピタルの投資時期についても、幼児期と再度初老期に、いわばフラクタル・スパイラル構造として意図的に投資されるならば、その成果として高齢者のオーナスどころかボーナス化への反転が実現可能になるのではないか。この構造(フラクタル・スパイラル性)こそが、自らのアーカイブを過去にさかのぼって眺めた時、〝イキイキさが蘇る〟という心理現象発生の根源であり、生涯学習・生涯現役の二一世紀版の基礎になりうるものかもしれない。しかも、アーカイブの過去回顧を日常的に可能にした技術環境は、クラウドやスマホ・タブレット(さらにウォッチ)など二〇〇六年以降のＩＣＴ(情報通信技術)の革命的進歩の賜物であった。これは案外、二〇〇三年のヒトゲノム解読成功に匹敵する、二一世紀型シニアへの〝進化〟の始まりではあるまいか。平易な表現をすれば、過去の自分自身を記録するアーカイブを回顧する時に生じる、未来の自分に対する勇気づけのポテンシャルは相当強力であり、二〇世紀まではそれが封印され退蔵されたままだった（アーカイブへの検索技術力不足のため）のである。つまり、アーカイブが秘めるポテンシャルの解放・顕在化による効果たるや極めて大きい。

3 エントレインメントがもつ真価の再認識

卵生から胎生への進化の結果、出産されたヒトの新生児が、エントレインメントによって、ソーシャル・ブレインズの世界へと〝人生〟を歩み始める。まさに、「ヒトとして生きる」ことになる。現在のところ、ヒト以外の類人猿は、ソーシャル・ブレインズ獲得への進化に遅れをとってしまっている。本章では、その理由には深入りしない。むしろ、ヒトがソーシャル・ブレインズ獲得以後に急展開するプロセスへ焦点をあてていく。

まず、そのキーコンセプトの一つであるエントレインメントが研究対象として俎上にあげられねばならない。つまり、各個体のブレインの集合がネットワークを形成して、ブレインズ集合体としての高度な機能を発揮する状態、いわば一種の社会的（ソーシャル）構造が誕生した結果、爆発的に急拡大が起こるプロセスの解明が必要である。その有力な手がかりが、ほかならぬエントレインメント現象であり、その含蓄するところは注目に値する。狭義のエントレインメントとは、新生児が母親の発信する音声シグナルに同期（シンクロナイズ）した体動を示すことを指す。広義には、母子相互作用（mother-infant interaction）全般の意味にまで拡張されて使われる場合もある。もともと胎児期には、母体の臓器の一種として同一個体であった胎児が、分娩以後は別個の個体「新生児」となり、母体とは情報的なつながりは保持されるものの、哺乳など数少ない物質的なつながりは、やがて減少・消滅していく。新生児の個体安全確保にはもちろんのこと、哺乳類における吸乳行動にしても各種感覚器と協調した体動が必要になる。したがって、エントレインメントは種の保存と個体の安全にとって、最重要な機能の一つであり、生命科学の基礎として見逃せない普遍的存在である。要するに、分娩のような環境激変のクリティカルな局面に近い状況においては、エントレインメント原理を応用するにしかずという〝進化の戦略〟に収束していくように見える。進化の過程におけるソーシャル・ブレインズ獲得へのブレイクスルーにしても、その成否の鍵は、ブレイン同士のネットワーク化におけるエントレインメント機能の格差が、ヒトと類人猿との間にあったからにほかならない。

生まれながらにしてエントレインメントを徹底的に体験済みの、「ヒト」という生物種の場合においては、今やソーシャル・ブレインズによってもらされた、目覚ましい物質文明発達の果実である〝長寿・高齢化〟という空前未踏の社会的環境の激変に遭遇して、いささか困惑気味である。筆者は、最近この激変に対処する決め手として、「シニア・エントレインメント」を提唱している。狭義の新生児期エントレインメントだけをとくに指定したければ、「ジュニア・エントレインメント」と表現することも一案であろう。このジュニアとシニアの二本立ての並存（パラレリズム）は、並行宇宙や多宇宙（マルチバース）が真面目に研究されている最近の量子宇宙観からすれば、異とするに足らないはずである。エントレインメントが、ジュニアだけに限定され、シニアを欠いていた理由は、二〇世紀まで、ヒトの平均寿命が短く、高齢者人口がまだ極端に少数派であったという単純な事実から、まず気づいていかねばならない。ひとたび高齢社会が現実化したならば、この環境変化へ適応するために、それ相応の準備が必要不可欠になるのは当然であり、シニア・エントレインメントは、その代表的な具体策と考えられる。

4　エントレインメントの実験成立に必要だった「絆」ネットワーク化に学ぶ

エントレインメント（母子相互作用）によって創り出される、強固な母子相互間の「絆」（いささか情感混入過剰のおそれがある用語だが）が、その実験的研究自体の推進を阻む障壁（例えば、新生児を他者に触らせないという強烈な母性愛的防御本能）になってしまったという皮肉な事態に悩まされた経験があった。そのジレンマから抜け出す方法として採られたのは、母親から絶対的信頼を得ている主治医や、有名な専門医との共同研究体制を組むことであった。つまり、母親に対して、母子の「絆」の影響力を超えられる、医師との「絆」の影響力を新たに導入して、その三角関係での一種の力学的バランスによって解決する戦略であった。これが意味する本質的な変化とは、孤立した「絆」のパフォーマンスから、「絆」のネットワーク化への拡大にほかならない。その結果、エントレインメントという発想自体の適用範囲がいっきょに拡がった。「拡張された（extended）」エントレインメントの誕生である。前記のエントレインメント経済学や、高齢化問題へのシニア・エントレインメントの提唱など拡張されたエントレインメント導入によってもたらされるフロンティアの拡大への期待が膨らむ。つまり、ソーシャル・キャピタルの二一世紀型活用の特徴の一つではなかろうか。

例えば、エントレインメントにおける、上記の「ジュニア・シニア・パラレリズム」の成立を促している要因として、二一世紀には支配的となるに違いない〝新常識〟への転換が底在していることに着目したい。その転換を科学的に確定した象徴的事件は、一九九八年と二〇〇四年とに起こっており、二〇世紀から二一世紀への移行期の数年間の出来事である。その内容は、それまでの脳科学の常識を覆した衝撃的なもので、コペルニクスの地動説に匹敵するとさえ評価されている。ニューロンの新生（一九九八年）と、脳の「可塑性」である。

ジュニア・エントレインメントにしても、ヒトは新生児期以来ほとんど絶え間なく、ライブのコミュニケーション、例えば日常会話とか教室での聴講などで無意識な行動として使い続けている。現実の会話中のうなずき動作のタイミングの微妙な変化によって、間髪を入れず〝暗黙の返答〟を発信していることが精細な動画像解析によって数量的にも分析されている（一九七〇年代後半に）。筆者も当時その研究に携わっており、その工学的応用として「うなずきロボット」と名づけた、コンピュータとヒトとの情報入出力インターフェイス（ヒューマン・インターフェイス）デバイスのプロトタイプを試作・実験していた。その商品化は岡山県立大学・渡辺富夫教授によってなされた。そのような経験を経て三十余年後の今日、改めてうなずきロボットの役割が再認識されており、より高度な二一世紀タイプのロボット・システムへの進化が模索されている。他方、過去三十余年間に起こった環境条件の大変化としては、ここ数年間のクラウド・コンピューティングの本格的普及にともない、高速のビッグデータ処理が日常化して、動画像処理関連分野においても驚異的な性能向上が実現し、実用化も進んでいる。このようなＩＴ側での歓迎すべき現状を踏まえて、高齢化社会の進行とシニア・エントレインメント提唱とのマッチングを考える、まさに絶好のタイミングを迎えており、今や〝機は熟した〟といえよう。

5　ソーシャル・キャピタルの背景が変化した過去半世紀

二〇二〇年開催予定の東京オリンピックの五年前である二〇一五年と、前回の東京オリンピック開催の一九六四年の五年前であった一九五九年とを対比して、その半世紀の間に世界がどう変わったかを、主に日本からの視点でソーシャル・キャピタルの背景を実証的に展望してみたい。

一九五九年は、日本経済が高度成長に入る直前である。東海道新幹線もまだ開通していなかった。辛うじて、トランジスタ・ラジオがメイド・イン・ジャパンのシンボルとして世界に通用していたが、ヨーロッパあたりでは訪欧した日本国首相を〝トランジスタ・ラジオの商人〟と揶揄していた。残念ながら、依然として「メイド・イン・ジャパン」は安かろう悪かろうの代名詞に使われていた時代が続いていたのである。大学の自動車工学担当教授が、米国ビッグスリーを射程距離に捉えたと技術的自信を語ったのは、ようやく一九七〇年の大阪万博開幕の頃である。一九三〇年生まれの筆者自身は、修士論文作成中で、電子計算機（東京大学で開発した最初の研究計算専用）を使って、実験データと理論計算の結果との照合に没頭していた時である。しかし、その悪戦苦闘の現場体験を通して得たものは、やがて必ず情報化社会が到来するという確信である。それが一九五九年であった。

また、その前年（一九五八年）修士論文の実験作業をしていた同じ実験室で、人工心臓の動物（犬）実験が、医学・工学両学部合同のチームで深夜まで行われていた。その時点での実験動物の生存時間は、わずか四時間足らずであったが、三〇年後には四〇〇時間に達していた。

さらに、その前年の一九五七年、人類史上初の人工衛星スプートニク打ち上げが成功していた。ついにホモ・サピエンスが、宇宙空間へ進出し始めたのである。そのニュースへの感動は、忘れ難い。しかし、宇宙開発のトピックスも、二〇一五年にはもはや何の驚きもない。今や無重力状態も、常識的な光景になってしまった。

二〇一五年、かつての東海道新幹線に相当するのが、中央リニア新幹線（二〇二七年開業予定）であることはいうまでもない。一九五八年の人工心臓に相当する二〇一五年のキー・デバイスは、ゲノム編集などの遺伝子工学分野の革命的なブレイクスルーであり、〝医学と工学の共生〟状態は完全に日常化してしまったのである。両学部の間に、今や正教授レベルでの人事交流も実現し、文字どおり総合大学の利点がフルに発揮されだしている。

医療関連産業は、工学系の人材育成の面から考えても、近年とみに関心が高まっている。世界全体の医療費は、先進国の高齢化、発展途上国の医療サービス普及等により年率八％で増加しており、例えば医薬品の市場規模でみれば二〇一二年に一一四兆円の実績を基にして年率八％の増加を考えれば、二〇二二年には二四六兆円にまで成長すると推定される。一方、二〇一二年現在一八二兆円で年率三％の増加を見せている自動車産業の市場規模は、二〇二二年推定値は二四四兆円であり、約一〇年後には追いつかれる可能性が高い。また、欧米企業の業種別売り上げは、二〇一二年現在で、薬品と自動車はほぼ同程度であるのに、日本企業の場合、医薬品は自動車の四分の一以下であり、このアンバランスが、人材育成面にも暗い影を落としている。

国内医薬品市場で、外資系企業シェアは年ごとに増加し、過去一〇年間輸出は伸びがないのに対して、輸入額は約三倍に伸びており、約一・八兆円の貿易赤字に陥っている。

世界に先駆けて「国民皆保険」を成就した結果、世界一の最長寿国となった反面、健康長寿の達成が遅れているために、高齢患者の増大、財政負担の拡大が、薬価引き下げや治験環境の悪化を招き、国内の創薬活動の空洞化、知的資産と雇用の流出、人材育成の衰微という〝悪循環〟に陥るリスクを警告する声が高くなっている。

他方、工学系の専門教育も、前述の産業界の状況から生まれた危機感を反映して、二〇一四年にはカリキュラムや教科書の内容をレベルアップして対応している。例えば、機械系教育分野のナノ・テクノロジー教科書では、本格的に量子力学の基礎から始まっており、従来型のアプローチを一新している。一九五九年の〝ひよわな〟筆者のような孤独な例外的存在だった研究者が、二〇一五年に見る風景は全学生が量子物理学をマスターし、インターネットやウェアラブルデバイスを駆使した日常生活を送っている姿である。上記の教科害を書いた彼らの指導教授を育成したのは、今や古株名誉教授になってしまった筆者らの世代であり、アカデミックな家族史を目の当たりにする想いである。

科学技術は、その時代からの歴史的な思想的影響を受ける一方、自然科学の革命的変化から思想的変化が誘発されることも、歴史が証明している。例えば地動説や進化論等は歴史的に最も有名な例である。その結果生まれた相対主義的社会構造は、大衆消費市場を生み出し、自動車や家電製品への需要増大へとつながっていった。その需要を満たす供給体制（大量生産）が誕生し、需給両面で教育・娯楽・文化サービスなどがソーシャル・キャピタルを現実にサポートし始めた。

二〇世紀は、物理学の世紀といわれているが、なかでも量子物理学によってもたらされた影響が抜きんでている。一七世紀のニュートンの時代以来「自然は飛躍せず」と固く信じられてきた。一九〇〇年、プランクが熱エネルギーの量子仮説を提唱して、「自然は飛躍する」という自然観が出現して、いわばコペルニクス的大転換が起こった。一九〇五年、アインシュタインの光量子仮説による光電効果の解明、一九一三年のボーアの量子論へと発展した歴史がある。量子物理学初期の成果の一つとして、コンプトン散乱における「クライン－仁科の式」が有名であるが、筆者の修士論文の理論計算でも、それを利用したコンピュータ・シミュレーションが核心であり、その研究に没頭していた修士課程の時代に、量子宇宙観へと思想的転換をする結果になった。つまり、一九五九年は筆者の自然観が、完全に古典物理学から量子物理学へと〝飛躍した年〟であった。ルネサンスの三大発明、羅針盤と印刷術と火砲に比肩するブレイクスルーを、身をもって経験する幸運に恵まれたのが、筆者の世代である。さらに最長寿国日本で二一世紀初頭に七〇歳を迎えた筆者は、〝ゲノムと量子情報の共生する世紀〟を味わえる幸せにも現在浴している。

6 「共生とマルチメイジャー」による表現情報所要量の増大とソーシャル・キャピタル

ミトコンドリアの細胞内共生説は、現在では真核細胞の起源としてまったく違和感なく受け入れられているが、ゲノムの観点からすれば、共生以前はもともと別の生物であったわけで、いわばそれぞれ独自の専門的機能すなわち〝メイジャー〟を有していた。マルチメイジャーである筆者自身の体験つまり「医学と工学の共生」を、感覚的に約六〇年間味わい尽くしてきた所感を披露してご参考に供したい。

旧制高等学校の理科系には、大学の専門教育で理学部・工学部へ進学する、いわゆる理工系と、医学部・農学部へ進学する生物系が一緒に学んでいた。筆者の中学校以来の同年齢の古い友だちは、筆者が理工系とくに理学部の物理学か数学へ進学するものと思っていたという。さらに、小学校以来の一番古い友だちには、理科系ではなく文科系志向と思われていた。

筆者自身にとっては、文科・理科の分類も理工系・生物系の分類も、自由な知的活動が拘束される、いささか迷惑な感じをもっていた。今流にいえば、最初から希望はマルチメイジャーであったのに、世間から分類困難生物として問題児視されることも少なくなかった。最近は、境界領域への関心のたかまりのおかげで、雰囲気はだいぶ変わってきた。

一般的な「ダーウィン説に基づく」生物進化の系統樹は、時間経過とともに、通常「分化(differenciation)」を重ねて、いわば分岐だけを反復して、融合することなく樹枝状に広がっていくと説明されている。つまり、いったん枝分かれした異種が再び合流することはない。この底在概念は、案外根強かった。これを逆転して生物進化の系統樹で明確に図示したのが、メレシコフスキー提案(一九〇五)の〝融合〟を含む歴史的な進化系統樹である。

しかし、ミトコンドリア細胞内共生は、あくまで〝細胞内(intra-cellurar)〟のスケールでの話であった。ダーウィンはもちろん、メレシコフスキーとても、二一世紀のゲノム中心の生命科学(genome-based life-science)が日常化した現代へよみがえったら、ほとんど何も理解できないであろう。今や、完全にゲノムベースになり、例えば、クリスパー・キャス9(CRISPR/Cas9 genome engineering)を駆使した遺伝子改変(ゲノム編集)によって、まるで「はさみ」で自由にDNAを切断したり、つないだりするような芸当が日常化されている。とくに、二〇一三年以降の堰を切ったような爆発的進展には驚嘆のほかはない。これを技術的に実現し、今後も開発を続けていく力は、まさに医と工のマルチメイジャーに依存している。

ミトコンドリアの細胞内共生の場合でも、共生以前のゲノム(遺伝情報)は概ね合算されるので、共生後には増加する。同様にマルチメイジャーの場合も、もとの各シングルメイジャーの合計された量へと情報量は増加する。同様な情報量の増加は、エピジェネティクスや腸内細菌などの場合にも起こる。したがって、この表現情報所要量は一般に増大するため、例えば文章表現なら長文化は原理的に不可避である。それでも、長文を多くの短文に分解すれば問題解決と考えるならば、分解の際全体（holos、ホロス）に関する情報の喪失を免れない。

かなりの長さの文章を完璧に作成できる能力獲得の前提条件は、全体（ホロス）の把握つまり一体感（one あるいは -on）の維持やシナリオの首尾一貫性が保てなければならない（必要条件）。それを、一つの言葉「ホロン（holon）」というネーミングのもとにまとめて、表現することによって理論展開の活性化を図りたい。例えば、形容詞的に「ホロニック（holonic）」という言葉の導入・運用による効果も少なくなかったという経験が一九八〇年前後にあった。一方、あえてホロンへの傾倒など、無益かつ不要だとの批判もあろう。

他方、システムを構成するハードウェアの一つひとつの部分（-on）からなる集合を、そのまま現実に存在している全体（ホロス）だと定義するアプローチも可能である。したがって、ホロスは多面性をもっており、ただ一つだけのホロスを考える古典的な定義にこだわらなければむしろ二一世紀の宇宙観が「量子宇宙」であり、したがって当然パラレル宇宙であると考えれば、むしろ多面性は長所であり、キュービット（量子ビット）対応への布石にもなっていると見ることができる。そのような宇宙観に対応するソーシャル・キャピタルも当然ホロニックでなければならない。

長大な文章を書く場合には、ホロニック概念が人びとによく理解されていることが望ましい。この思想自体は、一九八〇年ごろに大平首相の私的諮問機関、大平研究会（通称研牛会）で論究され、政府刊行報告書の中に初めて登場する。二一世紀におけるホロニックの意味・内容は、情報化社会の進展につれてその重要性が格段に増大してくる。例えば、二一世紀に普及が予想されている量子コンピュータ利用者が増加するにつれて、ホロニック・パス（上記報告書の提案したキーワード）が二〇世紀以上に注目を集めるであろう。すでに二〇世紀の量子物理学でも、ファインマン（一九一八―一九八八）の経路積分理論の示すような多数のパラレル・プロセスの確率的な可能性をすべて合計（積分）してまとめて扱う手法も、ノーベル賞級の業績として認められていたのであるから、一九八〇年頃のホロニック・パス提唱への抵抗感は少なかったはずである。

もともと、印刷術発明以前は、手書きの原典の文章が、手書きで複写されて、全世界へ広がっていった。いわゆる、オリジナル非依存型複製である。この場合に長い文章は、一般に脆弱性が高く、オリジナルから逸脱していく確率は高い。しかし、同時に長文ほどオリジナルを復元できる手がかりの含有率も高い。

ネット社会化が進み、ウェアラブル端末の主力と予測されている「ウォッチ」の普及にともない、堰を切ったように短文化の流れの勢いはとどまるところを知らない状況に陥っている。その結果、人びとの長文作成能力の低下は不可避になってしまった。改めて、そもそも〝長文の本質とは何か〟から始まる、文の長短についてソーシャル・キャピタルとの関係も含めて深く研究する時代を迎えたのではなかろうか。

7　文章の長短に関する考察と「文ブ共生」

現在は、ライブ・ウェブ・アーカイブがなかった時代、いわば情報技術革新以前から書かれていた文章しか存在しない。したがって、情報技術革新花盛りの二一世紀に人びとの活動が格段に活発化し拡大すれば、二〇世紀の文章しか使えない場合は、かなりきゅうくつに感じるのは当然である。もし、そのきゅうくつ感がないとしたら、二一世紀に存在する肉体に、二〇世紀の精神が宿っている証拠なのかもしれない。玉手箱を開く前の浦島太郎に似た現象、すなわち肉体と精神の座標が、空間軸上では一致しているのに、時間軸上では不一致（ずれ）が起こっている。このずれを解消して、二一世紀の精神活動に一致した文章を求めるのが、本節を起こした動機である。ライブ・ウェブ・アーカイブに象徴される二一世紀つまり情報技術文明とともに生きる人びとにとっての、最適な文章とは何であり、改めてその本質が何かを考えてみるのが本節の姿勢である。

まず手始めに、最近起こっている文章の短縮化傾向の背景を考えてみる。例えばどんな概念でも、短文の寄せ集めで表現できる範囲内に入っていると考えて差し支えないのかという疑問が湧いてくる。日常生活の中で、まったくそのような疑問を感じないで満足している人は、数学の学習において因数分解可能なやさしい問題だけに限るという自主規制を自らに課して、分解された後の単純な式だけの世界で満足している中学生の心理や行動に似ている。因数分解不可能な問題の存在こそが現実の世界では最も重要であることが、中学生のレベルでは認識されない。一種の統制経済の場合（戦時下における生活物資の配給制度など、ソーシャル・キャピタル的見地からも貧困）にも同様な状況が生ずる。そこでは、自由貿易・自由競争が除外され、非現実的なＶＲ（バーチャルリアリティ）が支配するシミュレータ世界での生活感覚に限定されてしまう。いわば因数分解可能な問題の過大視であり、それにともなう現実からの乖離というアンバランスな世界観が惹起されるリスクが増加する。

一方、二一世紀の情報技術文明から、長文でなければ表現できない領域を排他的に除外し、絶滅させる戦略をとることには、不安を感じる人びとも少なからずいるに違いない。さらに、消極的な絶滅危惧種保存的立場ではなく、逆に積極的な長文がもたらす本質的な知的活動の豊饒さを追求し挑戦する立場がソーシャル・キャピタルの立場でもある。

8　長文作成とウォッチ（短文サポート）の共生

文体は、時代を反映して変わる。スマホ・タブレットが強力になった時代の文体は、おそらく短文中心になり、長文を書くことが少なくなるのではなかろうか。例えばツイッター（Twitter）では語数に制限があり、ＬＩＮＥ（ライン）は会話（対話）のほとんど引き写しである。もちろん、モバイル機能や、いつでもどこでも使える便利さが普及に拍車をかけているが、さらに腕時計型ウェアラブル端末（例えばApple Watch、ウォッチと略す）まで加わって手仕事中でも交信可能になれば現場作業員に歓迎されないはずがない。一方、ＩｏＴ（Internet of Things）などにおける桁違いのビッグデータの処理は、必然的にトータルシステムの高度な情報処理に必要な長文の説明・資料などが要求される。同時にそれがソーシャル・キャピタルの基盤である。

このように、短文だけで不十分なことは明らかである。しかし、二〇世紀までの長文がそのまま残ると考えるのも、いささか無理な気がする。では、長文はどのように変わっていけばソーシャル・キャピタルの運用に沿えるのか。現在、筆者が作業仮説として使っている〝長文の変化予想〟は、文武両道をもじった「文ブ共生」と名づけた新しいメディアの形態への〝進化〟である。最近の生物進化論では、「共生」というキーワードがもつ重要性は、決定的である。もはや古典になっているがリン・マーギュリスの提唱した「ミトコンドリア細胞内共生」に端を発し、『ネイチャー』（*Nature*）五二四号（二〇一五年八月二七日発行、四二三頁～、四二七頁～など）でも共生に関する新学説が紹介されているほど、共生は今なおホットな話題なのである。本節で扱う場合の「共生」は、生物進化学の専門用語としての厳密な定義にはほど遠いアナロジーとしての使い方である。しかし、その背景として、最近の進化学の発展があることも、時代の流れを強く反映した思想的影響として認めなければならない。

「文ブ共生」の前半「文ブ～」の中にある「ブ」は、最近の情報技術（ＩＴ）において中核になっている、ライブとウェブとアーカイブを意味しているが、三語とも語尾が共通のブで終わっているから、省略して「ブ」一語で表した。語頭の「文」は、文章である。文体、例えば長短や何語か、印字か手書きか、など多様であるが、動画や音声を媒体として使うことも可能である。例えば、『複素数「解」の時代』という紙媒体の単行本（二〇一三年、Ｈ＆Ｉ）であっても、ＱＲコードによってウェブ上にある写真や動画の（音声付）表現ともつなげられる。一方、学校の教室で行うライブの講義も、ビデオカメラによって電子映像にして遠隔地へ送信したりアーカイブにすることもできる。また映像編集して新しい構成に変えることもできる。もちろんネットプリントによって必要に応じて各地で印刷物にすることもできる。要するに、二〇世紀までに別々に技術開発されてきた情報は、今や二一世紀のネット社会では全体がつながり融合されて、実質的には一つの共生状態になって存在している情報なのである。ソーシャル・キャピタルも当然その文脈の上に築かれるはずである。

情報の内容が、どのような特徴をもつかによって、「文ブ共生」の具体的な使われ方は左右される。その多様な受容能力が、多彩な作品を生み、独創性の発揮を促し、ソーシャル・キャピタルの効用を増すことになる。例えば、ウォッチのようなデバイスは、長文の作品には向かないかもしれないが、その作品の制作過程等で仕事をしながら、チームのメンバーとの交信によるサポートを受けたりすることは随時続けられるかもしれない。必要とあれば、遠隔の映像を見たりすること、つまりパラレルリアリティの活用もできるであろう。つまり長文の作成のバックアップとして有効利用できるはずである。短文が増加する現象を局所的に見るのではなく、それが波及する効果の全体を一つの共生状態として見ることが重要であり、とりわけソーシャル・キャピタルとの関連を考える場合不可欠ではなかろうか。このような見地からは、文章の長短を分割して別々の仕事として評価しようとする問題設定自体に難点があったのかもしれない。

9 ダイナミック文ブ共生への拡張

今までの、「文ブ共生」思考の場合には、情報内容の意味とは無関係であり、まったく影響は受けない。つまり、純粋に情報表現の、形式的なツールにすぎない。コンテンツ（その意味論まで含めて）からの、完全な独立、つまり、構文論（シンタックス）への純化に徹していることがその本質なのではあるまいか。これに反して、セマンティックス（意味論）というまったく逆の立場からのアプローチが、「ダイナミック文ブ共生」である。

今までの「文ブ共生」だけをとくに指定したい場合は、「スタティック文ブ共生」とするほうが、紛らわしくない用語の使い分けになるであろう。そもそも、スタティックとダイナミックとが、パラレルで揃っているのが、まっとうな姿かたちであり、すわりもよい。宇宙の深遠な構造原理から大相撲興行の番付表にいたるまで、万事〝パラレルずくめ〟である。

もともと人類は、静力学から動力学へと拡大発展し、動力機械の実用化に成功して、〝産業革命〟を実現した歴史をもつ。要するに、好んで特殊から普遍へと拡大させる〝思考パターン〟を会得して、そのうま味を満喫してきた。一般に、思考範囲の多次元化も、例えば負数、虚数、複素数への拡大など、数学が典型的であるが、より自由な活動空間を獲得して、人類独自のソーシャル・ブレインズを飛躍的に発達させ、ついに万物の霊長にまで進化できた。究極のパラレリズムがもたらした賜物である。

二一世紀は、ゲノムと宇宙（コスモス）が牽引する時代である。つまり、ミクロコスモスのシンボルであるゲノムと、マクロコスモスの宇宙・天体物質とが共生する世界観をマスターした人材をいかに育成するかが、二一世紀に活躍しようとしているわれわれに課せられた責務である。二人の日本人が二〇一五年、地球表面に実在する微生物と、宇宙を貫通するニュートリノの質量を発見した業績でノーベル賞を同時受賞したことで、ミクロ・マクロの併存を少なくとも日本人は明確に意識した。これは、図らずも「ミクロコスモスとマクロコスモスの共生」の世界観が、いかに二一世紀に根づいてきたかを示している。

文ブ共生において、上記の〝ダイナミクスさ〟を今後いかに実現し、発展させていくかが課題である。当面まず基礎的な原理の研究が必要であるが、インターネットのアプリケーション・ソフトウェア（略称アプリ）の活用、たとえばEvernoteなど具体的な応用によって、ライブとアーカイブをつなぐウェブの機能向上などを試験することは極めて有益であろう。

10 「国土と人材」とソーシャル・キャピタルをつなぐマルチメイジャー

結局、ソーシャル・キャピタルと不可分な関係がある国土と人材の計画には、相当長いリードタイムを考えておく必要がある。そのためには、長期予測が不可欠であり、過去の歴史的教訓に加えて相当長期の未来へのビジョンをもっていなければならない。

幸いにして、筆者は人材育成の面では、主として大学における四〇年近い科学技術系の教育研究現場を、教官あるいは教員として経験している。さらに、教育行政面では、臨時教育審議会や中央教育審議会などに、かなり長期にわたって委員として参加してきた。一方、国土計画においては、国土審議会や首都機能移転審議会などで、会長や委員としてかなりの時間を費やした。また、郵政審議会やIT戦略会議、経済審議会、産業構造審議会、厚生科学審議会議員、東京都顧問、東京都清掃審議会などでも、会長または委員として参加し、多くの体験を重ねてきた。また、民間企業や財団の役員や顧問、研究所理事長などとしての経験も少なからずもっている。

したがって、公式発表などの他に、現在でも現場の生の情報を耳にする機会に比較的恵まれており、過去の経験から推して、一見ささいな情報からも現場全体の実情やその変化の意味まで類推できる場合が少なくない。

しかし、マクロな歴史的認識については、専ら読書に頼る場合が多く、無類の読書趣味も幸いしている。

筆者自身が受けてきた専門教育を回顧してみると、最初に東京大学の医学部を卒業してから、インターンを経て国家試験に合格、医師資格取得後、東京大学工学部（機械工学科）へ学士入学し、大学院博士課程を修了、学位（工学博士）を得た。工学部卒業後、国家公務員試験に合格して、通商産業省重工業局（当時）へ任官（工作機械担当）、退官後大学院学生として再入学。学位取得後、東京大学専任講師、助教授を経て、教授に就任（一九七三年）。東京女子医科大学客員教授兼任。一九九一年定年退官後、東京大学名誉教授に就任し、ただちに慶應義塾大学環境情報学部教授就任、次いで同大学大学院政策メディア研究科教授を一九九〇年代末まで歴任してきた。いわゆる典型的な〝マルチメイジャー〟なコースをたどったわけである。

その結果、筆者（二〇一八年現在八八歳である）の少なくとも前半生において、国内では、マルチメイジャーの教育歴は極めて異端的で、少なくともプラスに評価されることは皆無であった。これに反して、海外とりわけ科学技術先進国では、まったく国内評価とは逆転し、むしろ尊敬の眼差しで迎えられることが少なくなかった。最近は様変わりらしく、国内でも場合によっては、先見の明をほめられたりすることさえある。

筆者自身は、最初から医学と工学の両方を学ぶつもりであった。しかも、医学を先に選んだのは、正解であったと考えている。その理由の第一は、何といっても、人間は万物の尺度である。洋の東西を問わず、医者もしくは医学徒から、後に他の分野で大成功した人が少なくないという歴史的事実があるからである。例えば幕末に大坂で盛名を馳せた蘭方医緒方洪庵（おがたこうあん）は、蘭学の私塾「適塾」を開き、日本全国から集まってきた人材を育成していたが、塾出身者の総合計約数百名のうち、医者になったのは半分くらいで、残りは明治時代のエリートやテクノクラートになって大活躍しており、福沢諭吉や大村益次郎などは有名な代表格的成功例である。洋の東西にわたり、このような事例はおびただしく存在している。

理由の第二は、二一世紀に特有な事情によるものである。それは、「物理学の世紀」であった二〇世紀の終焉にともない、二一世紀は「ゲノムの世紀」と呼ばれるようになるのではないかと筆者はかねてから予想していた。結論的にいえば、二〇世紀においては最初に物理学を学ぶのが適当であり、二一世紀になれば、最初に学ぶ専門分野としては医学が適切ではなかろうか。生物学ないし生命科学は、むしろ基礎教養的な色彩が強く、もちろんいずれの専門課程へ進むにしても、その準備としての共通必修科目と考えられる。例えば工学の専門課程へ進む学生にとって医学とは、二〇世紀流に表現すればまさに「マルチメイジャー」的特殊ハイブリッドにほかならないが、二一世紀的感覚では、むしろありふれた取り合わせの一つにすぎない。要するに、二つ以上の専門分野を習得するのを前提とするキャリア・ガイダンスが普及することによって、学問全体のレベルの飛躍的な底上げが二一世紀には確実に惹起され、少子高齢化の対応策としても不可欠である。学問の内容においても、このような歴史的大変化を反映した業績が、多数輩出することが期待される。

では、マルチメイジャーがスタンダードになった社会においてどうなるか。例えば二一世紀の未来予測を行うに際して、この条件を適用してみるとどうなるであろうか。さらに現在、すでに現れている前兆としては、何か認められるであろうか。以下に、それとおぼしき二、三の前兆を紹介したい。

前兆の第一として、宇宙物理学における宇宙誕生の研究分野での例を取り上げたい。宇宙の起源と運命を調べるためには、非常に遠くの天体からやってくる光を見ること、つまり何十億年も昔の情報（光景）を研究材料に使う。一九二九年、ハッブル望遠鏡によって宇宙の膨張が初めて確かめられ、時間を宇宙膨張開始時点にまで戻すことによって、現在から誕生までの年齢が二〇〇三年には一三七億歳だと算出できた。一方、いまだ正体不明の暗黒物質から、星や銀河が誕生してくるので、〝宇宙のゲノム〟だと暗黒物質は呼ばれている。原子核分裂発見の時もそうであったが「分裂」というマイトナーの命名は、生物における細胞分裂から借用している。要するに、生物が自然界での進化の過程で先行的に行ってきた、諸々のパフォーマンスを人類は経験知として熟知している。その概念やターミノロジー（用語）を、他の新分野へ流用するのは、人類にとってはむしろ常套手段である。とりわけ、マルチメイジャー族にとっては、ほとんどこの種の常套手段に対する違和感はあるまい。暗黒物質のとくに過去の宇宙内分布地図を作ることができれば、宇宙はその誕生以来どのように進化してきたか、今のラージスケールの宇宙構造の形成過程が理解できるのではないか。それを解明するビッグプロジェクト（すみれ計画）は、いわば二一世紀初頭に大成功したヒトゲノム全解読計画の宇宙版であるともいわれている。

前兆の第二は、科学技術全般における、ゲノムの優位性である。二〇世紀前半までの古典的なmethodologyは、二〇〇三年のヒトゲノム全解読成功以後、まったくその権威を失った。その最たる事例は、リンネ以来の歴史と権威をもつ生物分類学の分野で起こった。センセーショナルなコピーとしては、「魚類は存在しない」であろう。リンネやダーウィンが全幅の信頼をおいて重用していた形態学的手法は、ゲノムを主力にした分類学にほとんど対抗できなかった。一方、宇宙には地球のような生命が住める環境条件（ハビタブル・ゾーン）が備わっている系外惑星（いわゆる〝もう一つの地球〟、スーパーアース）が遠からず発見されるという可能性が高い。その発見のXデイは、コペルニクスの地動説に比肩する科学思想革命の日となろう。ゲノムについても、予想外の展開があるかもしれない。おそらく、地球生命の枠をこえる、宇宙生命が中心の時代となり、物理学からゲノムへのシフトが完全に起こるであろう。

前兆の第三は、上記の変化がすでに現実の産業分野にまで影響し始めている前兆と思われる動きについてである。それは、マテリアルゲノム計画の登場である。つまり、産業技術におけるマテリアル（広義の原材料）の開発手法に関するものであり、意図的にゲノム研究開発で成功したアプローチを、そっくりそのままコピーし、計画の立案からその実行に至るまで全面的に借用しようという計画である。最近、とみに注目を集めているこの動きは、かつて一八世紀に中世以来の錬金術から離脱して、近代的化学が誕生し、一七世紀科学革命のシンボルであったニュートン力学を理想的モデルとすることによって、目覚ましい発展と急拡大の歴史をたどった先例を想起させる。二〇世紀の生命科学は、二〇世紀までの輝かしい物理学での成功体験を理想モデルとして、キャッチアップの努力をしてきたと解釈される。結果は、皮肉にもまったく逆になり、二一世紀にはゲノム主導のバイオサイエンス自らが指導的立場に立ったからである。見方によっては、物理学という二〇世紀のエースであった知的活動主体が〝ミトコンドリア細胞内共生〟のように、ゲノム編集革命の中に取り込まれ、一体化したといえるのかもしれない。

また、不可避の通過点としてのiPS細胞を取り上げてみよう。山中伸弥教授が、マウスとヒトの両方でiPS細胞作製に成功したのは、それぞれ二〇〇五年と二〇〇七年である。注目すべきは、プロジェクト「真に臨床応用できる多機能性幹細胞の樹立」の申請が二〇〇三年に採択されてから、たったの二年という驚異的なスピードである。その理由は、少なくとも四つの必須基本実験技術が日本国内でようやくすべて最新のものが揃えられるようになったのが、まさにその頃だったからである。例えば、後に「山中4因子」と呼ばれる四つの遺伝子を探り当てるためには、理研の林崎良英研究員によって、マウスのES細胞で発現している遺伝子を網羅して作成されたデータベースが必須であり、それがちょうどタイミングよく発表されたのを、早速分けてもらって使うことができたという幸運に恵まれている。また、全世界のゲノム解析関連技術全体が、二一世紀初頭にヒトゲノム全解読成功という巨大プロジェクトの技術的産物として、広く転用可能になったという恩恵を享受した、〝飛躍的向上〟が背景にあっての劇的ブレイクスルーの誕生であった。

しかも一方では、日本の総人口が頭打ちになり少子高齢化が一段と勢いづき、人口オーナスと呼ばれる悲観論が決定的な影響を持ち始めた時点でもあった。エマニュエル・トッドの説によれば、日本経済が陥った「失われた二〇年」現象は、先進的文明圏がその発展段階で、高度な一定の成熟水準に達した時に陥る一般的な現象であって、実はその時期に経済の成長鈍化の反面、学術・文化面で真に独創的な貢献が出現するという。ソーシャル・キャピタルの効果が発揮されるのも、この発展段階が好適と考えられるが、日本の場合も、失われた二〇年によってもたらされた創造のアウトプットを列挙すれば、世界最長寿国実現が人口減少と出生率の低下とパラレルに達成され、経済活動の国際化や情報通信機器の生活全般への急速な普及も定着している。これらの影響を受けて、思想動向が一変した。ソーシャル・キャピタル重視もその一つであろう。かつて、マルサスの罠が、産業革命でようやく脱却できたのに似ているのではなかろうか。

11 おわりに――「真ライブ・ウェブ・アーカイブ」と生存科学

二〇一五年の後半、ＩｏＴ関連分野において、いくつかの技術突破がなされた。しかも、それはユーザー・イノベーションであり、アプリケーション・ソフトウェアいわゆるアプリの巧みな組み合わせによって達成されている点に特徴がある。また、例えばグーグルフォトのような新しいソフトウェアと、ｉＰａｄプロや Apple Watch のような新しいハードウェア・デバイスとが、同時に使われるようになってきたこと、いわば「共生」現象も注目に値する。しかも、スマホ・タブレットが普及している家庭環境で育っている〇歳児は、すでに一〇～二〇パーセントが身近なこの種のデバイスに触れているという現状からして、ユーザー側の受け入れ準備も予想以上に進行しており、おそらく二〇一〇年台後半には情報環境の激変が起こり、生存科学全般に影響が及ぶであろう。

筆者は、二〇〇〇年頃から「ライブ・ウェブ・アーカイブ」を、ＩＴのコアとして強調してきた。十数年を経て、このキーワードを真に具現化できる上記のような技術突破にも遭遇できた。つまり、これまでの十数年間は、技術突破以前の不充分な状態で我慢してきたともいえるわけであり、心ならずも〝仮称〟のキーワードに甘んじていたことに気づかされ、改めて「真ライブ・ウェブ・アーカイブ」と改称して、それを基礎とした二一世紀生存科学の発展を望みたい。

古来、老人は歩く図書館であるといわれてきた。近年の脳科学の成果を取り入れた『生涯健康脳』（瀧靖之著、ソレイユ出版、二〇一五年）がベストセラーとして注目を集めている現在、二一世紀初頭以来世界一の長寿国になっている日本の場合、この膨大なモバイル・アーカイブの容れ物である高齢者脳の集合体が、現実に〝生存〟しかつ急増しており、いわゆるソーシャル・ブレインズ（社会脳）を形成し、しかも各自が生涯健康脳への多様な挑戦を行うようになれば、まさに高齢者オーナスがボーナスへ転換する強力なエンジンになるのではあるまいか。

また、紙媒体一辺倒の在来型図書館モデルよりも、今後は急速に電子ブックの割合が上昇するに違いない。しかし、筆者にとって望ましいのは、電子媒体一辺倒でもなく、両者が共生する形態「紙モード」（約一〇年前に命名）である。その際両者の変換方法の一つとして、QRコードを使用した経験（二〇一三年に出版した自著にQRコードを多用）をもっている。最終的には、「文ブ共生」と命名した方式を、ソーシャル・キャピタルの健康長寿へ向けての挑戦の具体例の一つとして提唱したい。

第10章 「時間」の流れを制御せよ
――超高速取引と時計遺伝子

1 はじめに――「神話」からの脱却

失なわれた二〇年間で、日本の輸出構造がガラリと変わったことが案外知られていない。海外の識者にも、この変化を織り込まない日本観が根強く残っている場合が少なくない。「日本経済は自動車や家電製品の輸出の儲けで成り立っている」という古い誤った固定観念であり、現実と遊離している。現在、例えば日本の自動車メーカーは、過半の生産は海外で行っており、完成品輸出としての自動車は少ない。家電製品の多くの分野では、輸出競争力を失い大幅な生産規模縮小に見舞われている。二〇一四年の輸出上位一〇品目から、家電・オーディオ製品は姿を消してしまった。全輸出に占める〝最終製品〟の首位は、自動車（約一五パーセント）であるが、部品類は一六パーセントでそれを上回っている。例えば対中国輸出において輸出上位一〇品目のうち

（二〇一三年、香港を除く）、最終製品としては、自動車五一〇〇億円強、科学・光学機器八〇〇〇億円の二つが入っているのみである。首位は、半導体等電子部品九八〇〇億円であり、残りの七つも部品・原材料の類で占められている。つまり、中国自身の景気が敏感に影響する最終製品の比率は小さい。このような輸出面に現れた変化は、日本の全産業にわたって進行している本質的な構造変化の表れであると解釈することができる。

また、しばしば耳にする〝失われた二〇年〟という言葉自体にしても、それ以前の時代に定着した、いわゆる成長神話の再現を期待する雰囲気が、かなり色濃く残っている。つまり、成長こそがa prioriに最重要視される思考パターンが先入観として底在しており、その反映として経済統計上の指標にまで、成長を歓迎する傾向が感じられる。しかも、その数値も複素数的解釈ではなく、専ら実数部分に対する、瞬間風速的数値のみへ関心が集中する弊害いわゆる点数万能主義へ憂慮の声があがっている。

以下、本章では、上記の問題意識を出発点として、二一世紀になってから、十数年を経過し、ようやく前世紀との原理的な相違点が明らかになりつつある今日、例えば生命科学における時計遺伝子に代表されるような二一世紀の生存科学にふさわしい挑戦を大胆に試み、ゲノム編集などの新知見を加えつつ、宇宙におけるハビタブル（居住可能性）を、微生物が地球で実現してきた進化史にヒントを得ながら考えてみたい。

2 輸出構造変化の原因

海外の識者の中に、かつてメイド・イン・ジャパンの耐久消費財（自動車や家電製品など）の、完成品の形で自国へなされた集中豪雨的な輸出の経験を通じて、困惑や恐怖を痛感した記憶が強烈に焼きついてしまっている事実は、決して軽視できない。とりわけ、その結果として猛烈なジャパン・バッシングが一九八〇年代に起こって苦しんだ経験は、現在六〇歳以上の日本人高齢者には忘れられないはずである。改めて、当時いかにその対策に苦慮したかを回顧し、苦肉の策として編み出された対応戦略を紹介することは、二〇一八年現在に遭遇している内外の諸問題を解決する場合にも、参考として役立つのではなかろうか。

当時筆者は、国立大学工学部のシニア現役教授として、先端技術の研究開発と、学生の教育・指導に携わっていた。海外からのバッシングの中で、とりわけ身につまされたのは、メイド・イン・ジャパンの高信頼性・高品質・高性能・低価格という、フェアな市場競争の結果によってようやく獲得した貿易黒字に対して、欧米先進国からは、科学技術の学問的成果は、広く万人に公開されており、自由に使えるから、そもそも全人類に対して学術的貢献に劣る日本が、タダ乗り同然の利益を得ているのは不公平だとの非難の声があがっていたことだ。また、日本製品の優位性は、専らプロセス・イノベーションによる結果にすぎず、本質的なプロダクト・イノベーションではないとの低評価のまなざしも厳しかった。

幸いにして、研究者・技術者たちの努力が実って、その後二一世紀に入ると日本人のノーベル賞受賞者なども続出し、上記のような非難も影を潜め、現実にも原理的発見から工業応用に至るまでバランスが取れた幅広い人材供給の実績が揃ってきた。その成果の一つが、冒頭に述べたような部品類・原材料が主力の輸出構造が実現したという実績である。さらに、現地生産工場が主力となる業種も少なくないので、輸出先での雇用の創出に貢献しており、貿易相手国とウィン・ウィン（win-win）の状況が可能になってきており、一九八〇年代のジャパン・バッシング時代とは様変わりである。もちろん、この水準は、並大抵ではない、度重なる試行錯誤があって初めて達成できたわけで、将来これを維持・改善する仕事は、次世代の後継者たちの双肩にかかっており、その育成と技術伝承こそが未来の盛衰を分かつ大問題になってきた。それに関連して、二一世紀の経済活動をどのように計測・評価するのか、例えば二一世紀にその拡大が予想されながら、GDP（国内総生産）には反映されない重要な効用をいかに捉えるのかという難しい問題がある。それについては、改めて次節で詳述したい。

3　二一世紀経済活動は複素数的な測定法が必要

一九三〇年代を回顧すれば、物的生産数量が経済的付加価値に直結していた時代であり、この疑いない事実に基づいて米国で開発されたのがＧＤＰ統計である。しかし、二〇一〇年代になると、ＧＤＰではもはや経済活動の全体像を把握することが困難になってしまった。二一世紀に適した新しい経済指標が必要になったのである。まず、その理由を述べたい。

要するに、現実の経済活動の構造が変化し、その結果明らかに便益の増加が存在するのにもかかわらず、ＧＤＰなど既存の統計には現れてこない現象が出現した。例えば二一世紀経済活動の問題を、数学的比喩として「二次方程式を解く」問題にたとえるならば、その答えが複素数になってしまったといえるのではなかろうか。通常使い慣れてきた数字（複素数では実数部に相当する）の範囲外にまで現実の経済活動がふくれ上がり、それを表す情報メジャー（測度）が虚数部として加わってきたと理解すれば（すなわち数学的には複素数表示）、上述の不都合は解消する。

ＧＤＰだけでは十分把握し難い、複素数の虚数部に相当する経済活動が、二一世紀になって急増し、無視できなくなっている具体例を以下に列挙する。

まず、インターネットの高機能化や人工知能の発達によって、今や日常生活全体がネット経由サービスの大量かつ多様な情報消費の上に成り立っている。しかも、これらのサービスの大半は、GDPの増加として顕在化しない。付加価値として勘定されるのは、市場価格がついたものに限られているからである。つまり、個人にとって無料のサービスは大きなメリットであるが統計には見えてこない。また、シェアリング・エコノミー（自分の部屋や車を人に貸したり技能を提供したりする。欧米先進国で拡大中）も、その付加価値は統計へは反映しにくい。資産の有効利用という利点は明らかであるのに、短期的には車の購買減少などでGDPが減る可能性があり、個人の収入増加等、経済への恩恵を可視化すべきだとの研究報告もある。企業活動においても、工業などの大型設備投資が伸び悩んでいるのに、クラウドサービスや安価なソフトウェアの活用で投資効率は上がっている。企業経営にとっても、既存の統計では捉えにくい無形資産への投資が重要性を増しており、二〇一六年末から日本のGDP統計に加えられる研究開発投資は、その典型例であるが特許、新しいビジネスモデル、人的資本など長期的な収益の元手になる無形資産を計測する必要性が増えている。

国境を越えたデータの流れは過去一〇年で四五倍になっており、今やモノの貿易よりもデータの国際的な流通の方が大きな経済価値を生むようになっている（米マッキンゼー社の報告など）。ちなみに、自社製品に取り付けたセンサーを通じて収集されるグローバルなデータは、すでに単なるアフターサービスの域をはるかに超えて、IoT（Internet of Things）時代の経営そのものの中核的存在へと育っている。

4　投資家のリスク回避心理と共生するフェイスブックのインフラ化

二〇一六年三月二二日の米国株式市場では、ベルギーの首都ブリュッセルで起きた連続爆破テロの影響を受けて、ダウ工業株三〇種平均は、八営業日ぶりに反落し、投資家のリスク回避心理を如実に写し出す結果だと報じられた。これまで、米国株式市場を牽引してきた、新興のネット関連企業株（いわゆるＦＡＮＧ株、代表的四社の頭文字に基づく）も、この投資家心理が投影してか明暗二極分解を起こしつつある。ＦＡＮＧの中に含まれるアマゾン社（Amazon.com）とネットフリックス（Netflix）社の二社の株式は、二〇一五年には株価が二倍以上値上がりしていたが、二〇一六年初以来、三月下旬までに各々一七、一三パーセントの下落である。大量にＦＡＮＧ株を持っていた投資家の心理が成長株から離れて安全な資産へ資金逃避しようという方向転換をしているのが大勢と推測できるが、大勢に逆らって一人勝ち状態なのが、フェイスブック（Facebook）社である。年初来の株価は七パーセント超えで上昇し、株式市場全体平均を上回っている。

ＦＡＮＧ株以外で、フェイスブックと同じソーシャル・ネットワーキング・サービス（ＳＮ

S）の大手であるツイッター（Twitter）社は、年末から二七パーセント下げている。この格差は一にかかって、圧倒的なユーザー数がもたらしたものである。全世界でフェイスブックのユーザーは現在一六億人近くが利用しており、さらに拡大が続いているのに対して、ツイッター利用者数は世界中で三億五〇〇〇万人にとどまり、二〇一五年末に創立以来初めて減少に転じている。利用者の多さが、企業広告を呼び込み利益を生み出す結果に直結する。また、フェイスブックの特徴の一つは、実名登録が基本という点であり、友人同士が直接交信するメッセージ機能も魅力になっており、一〇億人超えのメッセージ利用者を呼び込んでいる。結果としては、電話や電子メールに代わるインフラになってきている。こうなれば、生活に不可欠な安定的資産というイメージに変わるので、投資家のリスク回避心理とも矛盾しない。つまり、インフラ化することによって全世界の最近の投資家心理を確実に味方につけるのに成功したと思われる。

5　超高速取引にみる二一世紀経済活動と情報ネット性能の関係

米国の株式市場では、いわゆる「超高速取引」による売買が、全体の約半分を占めるに至り、批判的動きが顕在化しており、証券取引委員会（SEC）が対応策を探っている。そもそも、超高速取引とは、米国における複数の取引所（公設一一、私設四〇以上）で最良の売買条件を探すために、注文が出てから取引確定までの間に生じるわずかな時間差を利用（高速通信網敷設や、取引所内にサーバー設置など）して、一般投資家より一瞬早く手に入れた情報で利ざやを稼ぐのが高速取引業者の手口である。こうした取引手法自体は合法だが、公平性を欠くとの批判の声ばかりではなく、相場を乱高下させる（瞬時に膨大な注文を出すなど）懸念もあるといわれている。新設の私設取引所ＩＥＸは、現在取引量全体の二パーセント弱を扱っており、受注から売買までの時間を意図的に三五〇マイクロ秒（マイクロは一〇〇万分の一を表す）遅らせて、超高速取引業者が情報を先取りできず、公平性が高いと評価され、一般投資家や金融大手からも支持されており、ＳＥＣがＩＥＸを公設取引所として認めるかどうか、その審査結果に注目が集まっている。

以上の例からわかるように、二一世紀経済活動の特徴として、時間の要素が極めて重要であることが明らかである。古来、時は金なりという諺があるが、二一世紀経済活動においても情報ネットワークの性能、とくに通信や情報処理に費やされる時間の短縮が決定的な影響力をもつに至った。

6　技術文明のインフラとしての時刻情報センサー「時計」

自然科学分野で時間計測技術は、最も基本的手段であり、温度以外の測定は、すべて時間計測に帰着できるといわれるほどである。したがって、各国の国際競争力評価の際には、時間の計測技術水準が、古来極めて有効なメジャーとして重視されてきた。例えば、最近では通称〝カトリ時計〟と呼ばれている世界最高性能の精確な時間計測技術が日本で開発され、注目されている。東京大学香取秀俊教授（理化学研究所主任研究員兼任）は、二〇〇一年に光格子時計（カトリ時計の正式名）を発表して、二〇〇三年ストロンチウム原子を用いた最初の実証実験を行って以来、研究実績を積んで、二〇〇六年の国際度量衡委員会による「秒の再定義」の有力候補に選ばれ、いまや光格子時計は現行の秒を定義しているセシウム原子時計のゆらぎを測れるスーパークロックになったのである。つまり現在では、秒のこれ以上の評価は光格子時計でしかできない。

そもそも、原子時計が発明されるに至った歴史の概略をたどってみよう（いわば過去へ向かってのブランコ運動的遡及行動）。まず、素朴な一日周期の昼夜や、一年周期の四季の変化が最古の計時法として、二〇世紀の後半になるまで、天文学的な運動、とくに地球の自転を基にした時間の定義が採用されていた。しかし、地球の自転は潮汐摩擦によって徐々に遅くなることが、天文観測の技術進歩の結果明らかとなり、「天文学的秒」は不適格という判定になった。万人で時間を共有するためのツールとしての使命を課せられている時計は、何らかの普遍的な物理的周期現象を保持していなければならない。古代の人びとが、天空は神々の領域であり、天体の運行は万古不変であると信じていたごとく、現代の物理学者の多くは「物理定数」は普遍的であるはずだと考えている。一九五五年、セシウム原子時計がイギリスのエッセン（一九〇八―一九九七）によって発明された背景には、「物質の最小単位である原子の振動を基に一秒を定義すれば、普遍な時間を定義できるだろう」という時代思想があったのではなかろうか。一九六七年、セシウム原子の超微細準位間の固有振動が九一億九二六三万一七七〇回継続する時間として一秒が再定義された。これぞ原子の振り子を使った「物理学的秒」であり、当時一〇桁の有効数字だったものが、二〇一六年には一五桁の精度にまで改良され、「国際原子時」として人類に共有されている。

時計の進歩の歴史は、振り子の高速化の歴史でもあり、光の振動を使う光原子時計がレーザー光の発明とともに期待され、一九八二年デーメルト（一九二二―二〇一七）は単一イオンの光遷移を観測する「単一イオン時計」を提案、一八桁の原子時計の可能性を示し、一九八九年にノーベル賞受賞。単一イオン時計を実験的に完成させたワイランドも二〇一二年にノーベル賞を受賞。しかしノーベル賞で結末を迎えたわけではない。カトリ時計の真骨頂は、これらの業績（先進欧米諸国が成し遂げた）を踏まえての、次なる驚異的ジャンプにある。単一イオン時計では、観測時に混入する「量子ゆらぎ」を除くために、例えば一八桁の精度に達するために約一〇日を費して一〇〇万回の測定を反復している。それを、たった一回、一秒の計測で可能にするのが光格子時計であり、「魔法波長」の発見を手がかりとして、一〇〇万個の原子の同時観測に挑戦している。

要するに、時刻依存型情報の利用可能性は、各種情報の通信や処理における時間軸上での分解能（resolution）が、その上限値を決める。ある時代の技術文明について「情報インフラ」としての有効度（効き方）を示す時間あたり利用可能限界（容量）を原理的に拡大することは、時間分解能、つまりどれほど精確に時刻が測れる時計をもっているかにかかっているのである。したがって、そのような極限的時計の性能向上が実現すれば文明全般への底上げ効果の波及が期待できる。結局、一九八〇年代のジャパン・バッシングが日本人に残したトラウマ、いわゆる〝タダ乗り〟批判からのダメージは、カトリ時計がもたらした二一世紀の国際標準化への衆目が認める貢献によって大いに癒されたといえよう。

7 二一世紀中期以降の未来戦略

前節では、カトリ時計を事例として取り上げ、時間長の世界基準となる「物理学的秒」の再定義レースで最有力提案国の一つにまでランクアップした日本国は、一九八〇年代のジャパン・バッシング後遺症をようやく払拭できた様子である。では、カトリ時計の念願成就の次には、どんな目標が準備されているのか？　その問いに答える未来戦略なしでは、長期的な人材育成の見通しも覚束ない。

もちろん筆者に快刀乱麻を断つ妙案などがあるわけではない。読者諸賢が、上記の観点から二一世紀中期以降の未来戦略をお考えになる場合、いささかでもご参考資料になると予想される情報を、以下にご提供申し上げたい。

まず、万人で時間を共有するためのツールという使命をもつ時計には、何らかの普遍的な物理的周期現象がしっかりと把握されている必要がある。それが振り子時計の場合は振り子であり、ゼンマイ時計ではテンプであり、水晶時計では水晶発振子（水晶結晶体の特定の振動）であった。原子時計では、セシウム原子の超微細準位間の固有振動（数）であった。この場合に最大の関心事は、外部からの影響を受けないようにして（例えば、一個のイオンを隔離・拘束するポール・トラップを利用したりして）、原子固有の振動だけを選び出して測らなければならない。つまり、いずれも物理的周期現象の計測を極限まで高度化する努力にほかならない。

ここで、観点を変えて「万人が時間情報を共有する」ための仕掛けについての努力の方に焦点を当てて考えてみたい。ここでいう万人とはもちろん、それぞれがまず生物体であり、複数の個体がコミュニケーション・ネットワークを形成することが情報共有の前提になる。また、各個体は外部にある時間情報（時計から発信されてくる）を、感覚器を通じて体内へ取り込む場合と、自らの体内に時計があり、その情報を体内で直接利用したり、体外へ発信する場合とがある。いずれにしても、時計の役割はメガネのような感じになる。眼底の網膜上に投射される映像の空間的分解能と、動画の場合は時間的分解能も、問題から要求される水準を満足しなければならない。また、実用上はウェアラブル性能も除外できない場合も少なくない。

したがって、生物体内の時間の問題へと、研究の焦点は自動的に移行していかざるをえないが、最近の一般的な動向として、二〇世紀までのパラダイムや、専門領域区分の限界を超えて、二一世紀には必然的に生命科学との融合が避けられない。本章の場合も、未来戦略の実現におけるキーワードの一つは、「時計遺伝子」ではないかと考え、次節において、その説明を詳述する。

8 体内時計が創り出す生体内の「時間」情報システム

「時間」の存在感が、「時計」というツールの発明を契機として、物質や空間とはまったく異質（異次元）である「時間」あるいは「時刻」情報の増加とともに一段と高まってきた。その情報によって制御される、ヒト集団内での強力・複雑なリアリティ（分子的実体化された物体）が姿を現すに至った。この生物進化史上の画期的大事件がもたらした衝撃は、各個体内部ではもとより、ソーシャル・ブレインズの地球規模のネットワーク空間全体へと、大地震にともなう大津波のような勢いでその波紋を広げようとしているのが、二一世紀の特徴である。いまや、生物の世界ならば、時計はミクロからマクロまで、至る所に存在し、とりわけ生物体内の時計に関しては、比較的近年、その研究には長足の進歩が見られた。そのシンボルが、「時計遺伝子」にほかならない。しかも、それは進化のプロセスと固く結びつき、表裏一体の関係になっていて、〝スーパーヒストリー（超歴史）〟と呼んでも過言ではあるまい。

本節では、最初に「時計遺伝子」誕生（発見）に至る以前の経過、いわゆる前史を概説することから始めたい。まず時計遺伝子の前史の紹介に際して、言葉の問題を取り上げる。「概日時計」（専門用語）を避け、日常用語的な「体内時計」を用いて以下説明したい。フランスの天文学者ド・メラン（一六七八―一七七一）が、一七二九年オジギソウの実験で、またフランスの農学者モンソー（一七〇〇―一七八二）の実験でも、体内時計の存在が報告されたが、彼らの発見はほとんど世間の注目を引かなかった。一八八〇年、ようやく一〇〇年以上も経ってチャールズ・ダーウィン（一八〇九―一八八二）が、この発見に興味をもち、測定装置を開発して詳しい研究を行い、息子のフランシスとの共著『植物の運動力』に発表した。そのまた約一〇〇年後、ドイツのビュニング（一九〇六―一九九〇）が、インゲン豆で大規模な研究を行った結果、体内時計の周期は二四時間を少し上回ることを発見した。

例えば、日常生活において、睡眠や覚醒は、それらを引き起こす特定の体内物質の増減によると考えられるが、それらに加えて体内時計が必要な指令を出してタイミングよくコントロールしていると考えられている。体内時計は睡眠と覚醒ばかりでなく、体温や各種の生体機能を調節するホルモンや物質の分泌等を、広範囲にわたってコントロールしている。

さらに体内時計が存在するとすれば、人体のどの部分に解剖学的な位置を占めるのかについては、研究の結果、脳の中の「視交叉上核」に司令塔的な時計機能があるとの結論が得られている。具体的には、大脳内部のほぼ中央に位置する、直径一ミリメートル程度の部分（約一万六〇〇〇個の神経細胞からなる）であり、体内時計の中心的時計機能が集中しており、二四時間周期のリズム（概日リズム）を司っている。その後、当初の予想に反して、時計細胞は体内の多くの箇所にも存在していること（男性の精巣を除く）がわかってきた。つまり、体内の各器官に散在する体内時計は、その器官に応じた機能の開始・停止のアラーム（信号）を出しつつ、概日リズムではたらいている。結局、視交叉上核にある「中枢時計」と、体内の各器官にある「末梢時計」の二本立てで全体内時計システムが成立しており、中枢時計はいわば現在日常使われている電波時計的な役割を担っているのである。

9　時計遺伝子とゲノム編集

前節で述べたとおり、時計遺伝子の前史としては、体内時計機能やその物質的な担い手である時計細胞の研究が手堅く蓄積されていた。二一世紀になってから状況は激変する。それは、生命科学分野で起こった「遺伝子革命」である。

ここでいう「遺伝子」とは、生体内の各種タンパク質を作る設計図（タンパク質という物質を製造するのに必要な情報）にあたるものであり、ヒトの場合は二万〜三万種類あるといわれている。さらに、その設計図の内容は、ＤＮＡ（デオキシリボ核酸）という高分子物質の独特な二重らせん状分子構造そのもののバリエーションとして、いわば暗号化されて貯蔵されている。ここで筆者が強調したい点は、ＤＮＡという物質を精製して、結晶化すれば、Ｘ線回折像の写真が撮れること、つまり分子の立体構造が超ミクロの世界で一種の可視化がなされる点である。要するに、空間構造が遺伝子情報の決め手になっており、研究活動の出発点がＤＮＡ分子構造に依存する限り、時計遺伝子機能の本質である時間関連「情報」が、分子レベルにおける形態学（morphology）として、つまり余すところなく「空間」的視覚の世界へ全面的に投射・移送させられてしまった感は否めない。その辺の、筆者の一抹の懸念は、当面は懸案事項として深入りせず、ここから時計遺伝子登場の歴史について述べたい。

人体を形づくる約三七兆の細胞それぞれに、同じＤＮＡが含まれている。これは一つの受精卵が細胞分裂を反復して、個体ができあがるという分裂増殖方式の結果にほかならない。ヒトにとって必要なあらゆる種類のタンパク質を作るための遺伝情報は、すべてＤＮＡの中に揃って（書き込まれて）いる。しかし個体差（個性）は存在する。ある特定のタンパク質を作るために、Ｄ

NAのごく一部分だけが、RNA（リボ核酸）と呼ばれる物質にコピーされ、それぞれの場所で、そのRNAから目的のタンパク質が作られる。このようなメカニズムについて、DNAのどこにどのように遺伝情報が存在しているのかが、すべてリストアップされ明らかになったのは、二〇〇三年であり、〝ヒトゲノム〟解読という歴史的ブレイクスルーが達成された。すべての生命科学分野はもちろん、二一世紀の思想界全般に革命的変化をもたらした。

例えば、物質的変化を生体内で追跡する場合、どんなRNAが作り出されているかをまず調べ、それをヒトゲノムのリストと照らし合わせれば、どんな遺伝子がはたらいているかがわかり、それを手がかりにして細胞の中でどんな物質が作り出され、その物質が体の中で起きている現象とどのように関連しているのかを確かめられるようになった。二〇世紀には夢のような話である。大航海時代に、世界地図が手中にできたに等しい。思想的にも、確たる物質的証拠を踏まえての宇宙理解が可能となり、コペルニクス地動説（地球や人類や生命の相対化）に匹敵するパラダイム転換であった。

体内時計の研究も、ヒトゲノムの解明によって、飛躍的な進歩を見た。時計細胞の中で起こっている物質的変化が、時間の経過にしたがって、いつ、どのような遺伝子がはたらくか明らかになり、二四時間リズムではたらく「時計遺伝子」の存在がヒトゲノムと関連づけて明確になり、物質的基盤が固まった。

一九七一年、ショウジョウバエの「時計遺伝子」〝Period〟が米国のベンザー（一九二一―二〇〇七）とコノプカ（一九四七―二〇一五）によって発見された。二〇年後の一九九七年、日系米国人ジョセフ・タカハシによって、マウスの実験で哺乳類初の時計遺伝子〝Clock〟が発見された。いずれも、二〇〇三年のヒトゲノム解読以前の動物実験であった。ヒトの時計遺伝子の本格的研究が始まるのは分子遺伝学領域関連の各種技術が普及、定着した二一世紀（二〇〇三年以後）であり、まさに生命科学分野の遺伝子革命の代表的な成功例の一つが、ヒトの時計遺伝子である。

一九五三年ＤＮＡの分子構造発見から五〇年後の二〇〇三年、ヒトゲノム解読が成し遂げられ、ヒトゲノム中での時計遺伝子の位置づけが揺るぎないものとなったが、加えて二〇一三年「ゲノム編集」技術に飛躍的進歩が起こり、今に至るも人びとはその〝テクノ新大陸〟発見がもたらした興奮が醒めやらない、ゴールドラッシュさながらの状態にある。ゲノムとはあまり縁がなかった学会や展示会の会場にまで、ゲノム編集と題する特設講演会場が出現し、聴衆があふれるほどの盛況を呈している。いわば、〝ゲノム〟の大衆化であり、ＩｏＴ（Internet of Things）のＴの中にゲノムまで取り込まれたとも解釈できる。また、高齢社会の進展とともに、遠からず医療関連産業が自動車産業を追い抜くとの声まで耳にする昨今、ゲノム編集分野まで加わると、高齢化先進国の先頭を走る日本としては、無視できない未来戦略の最主要フロンティアの誕生ではあるまいか。ゲノム編集の内容などについては、改めて次節で詳述したい。

10 ゲノム編集とその関連領域

まず、ヒトゲノムの解読計画においては、米国のワトソン（DNA分子構造発見のノーベル賞受賞者）が提唱し、当然米国が中心になっていたが、日本にも割り当てられた分担部分（染色体）があった。ちなみに、ヒトに続いて行われたイネゲノム解読計画においては、日本が大半の染色体を担当し、同様な国際協力チーム方式で成功している。要するに、二〇〇三年のヒトゲノム計画の成功は、前節までに述べた時計遺伝子への貢献にとどまらず、生物分類学を始めとして、広汎な分野（社会科学まで含めて）に対して、根底を揺るがすほどの甚大な影響を及ぼしている。

例えば、リンネ以来の生物分類学では、古来研究の方法論は専ら形態学的研究に基づいていたが、ショウジョウバエにおけるホックス遺伝子（Hox）の発見を皮切りに、分子発生生物学やマウスの分子遺伝学が、若手研究者にとっては完全に不可欠な理論的根拠となり、応用技術能力として要求されるようになり、二〇世紀末までの正統的比較形態学をもってしては全然太刀打ちできないことが明らかになった。二一世紀の生物学は、生命現象に関わる分子機構を精密に描き出して、今やゲノムの全情報すら完全に手中にし、自然科学の最先端として自らの存在を誇示している。例えば、昆虫は前口動物に属し、脊椎動物はそれとはまったくかけ離れた後口動物に属しており、発生進化的には祖先の由来は別とみなされるはずなのに、機能的類似性から単なるアナロジーとして「頭部」と呼ばれる場合がある。しかし、前述の進化的相違を超えて、昆虫と脊椎動物の間に何か類似性を感じるという意見も根強かったが、その感じの根拠を実体として解明するのには、一世紀か二世紀の研究期間が必要であろうと予想されていたのが、ホックス遺伝子の発見によってたちまち問題は解決してしまった。ドイツの文豪ゲーテは形態学の分野を切り開いた一人である。一九世紀のゲーテ以来の形態学という「フェノタイプ（表現型）」から「ゲノタイプ（遺伝子型）」へのパラダイム転換にほかならない。さらに大胆にいえば、空間から時間への、概念上で重心の移動でもある。形態学のホックス遺伝子と、体内時計の時計遺伝子とを共生させるのが本章の立場である。また、ゲノム編集は専ら遺伝子型における、DNA分子構造に関する事柄である。

まずゲノム編集について、言語の解説から始めたい。「ゲノム」とは、生物の各個体がもつ全遺伝情報である。「編集」の意味は、在来のウイルスを使うなどの遺伝子組み換え手法と異なり、DNAに書かれた遺伝情報のなかで、希望する箇所を的確に書き換える（カット・アンド・ペースト）技術にほかならない。いくつかの方法はあるが、とりわけ二〇一二年に登場したクリスパー・キャス9（CRISPR/Cas9）は、すでにノーベル賞が噂されるほど抜きん出た発明だと評価されている。「キャス」とは細菌から見つけられた酵素の名前であり、もともと細菌が自衛のためにもっている、ウイルス遺伝子切断用の「分子のハサミ」にほかならない。この酵素と、DNAの特定部位を判別して結合するRNAの断片「クリスパー」を結合させたのがクリスパー・キャス9である。この新技術の特色は、好ましくない遺伝情報を破壊したり、そのあとに望みの遺伝情報を挿入できることである。またヒトでもマウスでも、種に共通な遺伝子改変が可能であり研究上でも極めて便利である。

その結果、深刻な先天性疾患などへの治療の可能性へ期待が集まっている一方、子の遺伝情報を親の希望どおりに設計する「デザイナーベイビー」への応用等を懸念する声があがっている。倫理上の問題など、社会的な波及効果について十分配慮するべきことは当然であるが、さらに自然科学全般にわたる根本的な思想的な背景を検討することも必要であろう。例えば、代表的な科学雑誌『ネイチャー』(*Nature*)五三一号(二〇一六年三月一〇日発行)の表紙には、絵文字で「CRISPR」と描かれており、続いて一行下にEVERYWHEREと記されている(つまり、どちらを向いてもクリスパーばかりという意味)。さらに、Dawn of the gene-editing age (PAGE 155) という小文字で書かれた二行も添えられている。要するに、この特集号ではクリスパー・キャス9の現状を概観した上で、ゲノム編集が使われた世界がどうであるべきかが問われている。

『ネイチャー』誌で使われたEVERYWHEREの中に全宇宙までを含め、ゲノム編集を拡張すると、どうなるのか。二〇世紀に始まったヒトの宇宙空間への進出が本格化する二一世紀の視点を次節で考えてみたい。

11 ゲノタイプにみるヒトと微生物との関係

一九八〇年、フレデリック・サンガー（一九一八―二〇一三）は、二度目のノーベル化学賞を、DNA配列決定法の開発に対して与えられた。同時に他に二人が共同受賞したが、この功績はDNAの構造の発見以上の大変化を世界にもたらした。二三組の染色体をもつヒトゲノムの配列決定問題を処理するには、DNAを小さな塊に切り分け、個々の断片内の配列を決めた上で、各断片同士のランダムな重なりの部分を合わせることによって、全体が再構成されたのである（サンガーがショットガン配列決定法と命名し、J・クレイグ・ヴェンターらがヒトへの応用に成功）。配列決定後の技術的な面はかなり難しかったが、それにも増して染色体での遺伝子の並び順の再構成はさらに難しく、完成までに何年もかかった。そのかいあって、最終結果がもたらした驚きの内容は、ヒトゲノムの配列決定プロジェクトの成果の中でも屈指の高評価を受けた。すなわち、ヒトの遺伝子にある三二億以上の塩基対のうち、タンパク質をコード化しているのは、およそ一・五パーセントにすぎないことが明らかになったからである。つまり、ヒトのタンパク質をコード化する遺伝子はわずかに二万にすぎず、予想されていた値に比べてはるかに少なかった。ヒトのゲノム配列のうち九七パーセント以上が表だって何のはたらきも示さない領域であり、これは微生物には存在しない。要するに、比較的少数の遺伝子の変化（追加）だけで、動物の高度かつ組織的な機能的パターンが生み出されているという証拠にほかならない。すなわち、エネルギー供給や、タンパク質合成、イオン輸送、基礎的代謝などをやり遂げる仕組みは、すべて基本的には何十億年も前に、進化した微生物に由来する遺伝子のなせるわざであり、ゲノタイプの主流派を占めている。あえて誇張した表現を使えば、フェノタイプでの印象と異なり、ゲノタイプで見ればほとんど大部分微生物と同じであり、微生物と共通のゲノタイプが大部分の生理機能を担当していることになる。ヒトが自負する高度なフェノタイプ部分に対応するゲノタイプ部分は、案外マイナーだとの自覚が不足していたことを改めて気づかされたともいえる。

さらに、ホモ・ファーベル（作るヒト）にとって、決定的に重要なことはヒトゲノム配列決定プロジェクトで、DNA配列決定を自動化する装置に莫大な投資が政府（米国エネルギー省）からなされた影響である。その結果、プロジェクトが生み出したDNA配列決定の「自動化装置」は想像を絶するほど安価になり（かつての半導体チップのムーア法則を凌ぐほど）、ゲノム配列決定業務は完全に日常茶飯事（ルーチン・ワーク）になってしまった。例えば、ヒトゲノムプロジェクトの際、サンガーが最初にDNAの配列を明らかにした時、それに要した費用はヌクレオチド一個あたり七五セントだった。それが自動化装置の普及によって、二〇一四年時点では〇・〇〇一セント以下になった。二〇〇二年（ヒトゲノムプロジェクトの進行中）の予想では、ヒトゲノム解析には一億ドルかかると予想されていた。現在、それが一〇〇〇ドル程度になり、将来はもっと値下りするのは確実であるという。このような配列決定費用の劇的低下にともない、需要の拡大に牽引されてコンピュータ処理能力もネットワーク接続情報量も増大し、DNAの塩基配列決定データは直ちに（リアルタイムで）インターネットを通じて、すでに決定されているDNA分子の配列データと瞬時（ミリ秒単位で）に照合できる。もちろん、細胞内で行われている機能とのつながりも、すぐに検討できる。コンピュータの処理能力の上昇とともに、より効率的で安価な配列決定技術や遺伝子探しのためのアルゴリズムの開発も活気づく。二一世紀の開幕とともに、遺伝子や配列決定コストが劇的に安くなり飛躍的に効率化が進むにつれて、科学者たちは研究対象を単独の生物のゲノム配列決定にとどまらず、自然界にある微生物群落についての研究に広げていった。

レーウェンフック（一六三二―一七二三）が、自分の体が無数の微生物の乗り物であると看破して以来、ホモ・ファーベルは、そのようなナノメーター（ナノは一〇億分の一を表す）の世界での仕事をする可能性を本能的に考え始めていたのではあるまいか。もちろん、レーウェンフック以来の顕微鏡による受動的観察中心から、今や能動的な二一世紀のゲノム編集が主力に代わり始めたことも見逃してはなるまい。また、最近第四の産業革命とも呼ばれて注目を集めているIoTとも結びついて、二一世紀の重要な産業構造を形成するであろう。

12 おわりに——無重力環境への生存適応

ヒトの宇宙空間への進出は、二〇世紀後半に始まっているが、二一世紀初頭から、宇宙ステーション（人工の小天体）に長期滞在を交代で続ける宇宙飛行士の人数は、地球に住む人類総人口数十億人の一億分の一程度である。生物進化史をさかのぼると、水中から地上ないし空中へ活動の環境を拡大した時と似ている。すなわち、今や地球の重力圏から無重力の宇宙環境への進出である。第10節の末尾に記したように、ゲノム編集技術はヒトの宇宙環境での生存にどのように対応するのが最適なのであろうか。生存科学の二一世紀らしい課題の一つに予想されるのではあるまいか。

第11章

オートファジー思想を体得せよ

――リサイクルの生存倫理

1　はじめに――生存倫理の重要性

二一世紀には生命科学革命（例えばゲノム編集など）が重要な役割を演じ、その技術的応用に関連して、生存倫理とのつながりは不可避であると予測される。例えば、二〇一六年度ノーベル賞（生理学・医学）は、大隅良典「オートファジー」研究に授賞されたが、純粋な学術研究にとどまらず、その医学的応用が進展するにつれて、生存倫理の問題はますます重要になることは明らかである。

一方、最近の経営組織論においても、カントが『人倫の形而上学』で倫理的義務の一つとして定義した〝他者の幸福の促進を自己の目的とする〟医者と患者の関係と同様な「信任関係」（忠実義務）が、会社法に書き込まれていることが強調され、これこそが「コーポレートガバナンス」の核心であるとの貴重な提言（岩井克人・東京大学名誉教授）もなされており、時代の趨勢の変化を象徴している。

もちろん、本章は経営組織論などの立場からは離れて、二一世紀初頭から始まっている技術文明上の大変革が、生存倫理へ将来いかなる影響を及ぼしていく可能性があるかを予想することが目的である。

2 物理学・化学とつながった生物学の時代

二〇世紀は、物理学の世紀であったといわれている。量子物理学が出現し、一九世紀までの物理学が二〇世紀には「古典物理学」と呼ばれるようになった。宇宙観も、量子宇宙が実在する宇宙であり、一九世紀までは〝盤石の諸学の模範〟とみなされていたニュートン力学の有効性は、単なる量子力学の近似解としての位置づけに格下げされてしまった。二〇〇三年、ヒトゲノム全解読の成功によって、DNA（デオキシリボ核酸）の分子配列に基づく分子生物学的解釈が二一世紀の社会・人文分野まで含めた諸学の中心的方法論として圧倒的説得力をもつに至った。

一九八五年、ドイッチュが書いたクァンタム・チューリングマシン（略称QTM）の論文が、量子コンピュータの世界への論理的なブレイクスルーを実現した。もちろん、チューリングマシンタイプ以外の量子コンピュータも、数多く登場してきており、演算回路素子のチップ化さえ始まっている（東大工学部・古澤明教授など）。この未来志向のキャッチフレーズは、「ビットからキユービット（qubit、量子ビット）へ」である。

しかし、いっきょに量子コンピュータへ飛躍するわけではなく、ビットマシンの時代を経由して、二段跳びになると予想される。

一九五三年、ＤＮＡの二重らせん構造が解明され（発見者ワトソンとクリックは、一九六二年度ノーベル賞受賞）、それ以後の化学の研究において、ゲノムの利用が目に見えて多くなり、従来の生物学と化学の境界が不鮮明な印象が強くなってきた。情報科学の分野はもともと物理学的な色彩が強かったが、ＤＮＡ革命以後は、脳の研究との垣根が、驚くほど低くなった。情報科学の分野に限らず、例えば東京大学工学部機械系学科の学生へ脳科学の講義が行われており、なかなか人気が高く出版物にもなっている。多少海外の先進的大学よりは遅れたものの、若い人材育成には、最近かなりの努力が払われ始めている。

3　オートファジーの単独ノーベル賞受賞の意義

自然の営みは、オートファジー原理こそが基準であって、大部分が「リサイクル」なのではあるまいか。伝統的な考え方では、一般にリサイクルの比重は軽く、むしろマイナーな存在にすぎなかったが、二〇一六年オートファジーのノーベル賞受賞を契機として、人類の自然科学観の決定的変化が実現したと考えられる。

今や人口比率でも、高齢者がメイジャーの成長株になりつつあり、彼らが二一世紀のソーシャル・ブレインズとしてマイナーな存在からメイジャーへ生まれ変わり、いわゆるシニア・エントレインメントにしても、オートファジー思想に裏打ちされて見直されるというコペルニクス的転回の局面を迎えているのではあるまいか。それは人類にとって、エネルギー効率の減退への路線転換ではなく、むしろ全体のプロセスの効率向上路線への回帰を意味しており、その影響がいずれ産業・経済面にまで顕在化してくるであろう。例えば、鉄を始め工業用金属においても、「都市鉱山」と呼ばれるように、都市に蓄積されているそれらの金属を、リサイクル精錬用の原材料を産出する鉱山と同等であるとみなしても、もはやほとんど違和感はない。むしろ、電炉によるリサイクル生産が、確立された素材生産形態として重視され、とりわけ鉄鉱石輸入依存度を減らし、まさに生存の安全保障向上への産業構造改善と理解されるに至っては、〝生存科学〟の視点からも無視できないどころか、オートファジー思想体現の有力な手段としてクローズアップされてくる。もはや、かつての単なる受身の廃棄物再生などというマイナーな問題としての負のイメージは払拭され、二一世紀を象徴するメイジャーな指導理念として登場してきたのではあるまいか。

オートファジー思想誕生の歴史的ルーツは、約半世紀前にさかのぼる。一九六三年ベルギーのクリスチャン・ド・デューブ（一九七四年別の研究でノーベル賞受賞）が造語・提唱したのであるが、実際の研究自体はほとんど進まなかった。研究材料（酵母）も、研究機材（光学顕微鏡）もすでに存在していたにもかかわらず、肝心の研究する人材がなかった。一四年後の一九七七年米国留学から帰国し、東京大学で研究を始めたのが、二〇一六年度ノーベル生理学・医学賞を単独受賞することになる大隅良典博士であった。その一一年後の一九八八年、酵母の液胞内でオートファジーを〝光学顕微鏡〟による観察で確認することに成功した。

一方、一九七七年から一九八八年までの一一年間は、日本の科学技術への国際評価は極めて厳しい状況で、いわゆるジャパン・バッシングの時代、いわば苦渋の時代であった。同時に、ジャパン・アズ・ナンバーワンの時代でもあった。その中の典型的な二つを紹介すると、第一は輸出競争力が滅法強い日本製品は、専らプロセス・イノベーションに長けているのみで、プロダクト・イノベーションはあまりないという批判であった。第二は公開されている基礎科学の成果をタダ乗りしており、ノーベル賞の受賞も少ないという批判であった。

今日になってみれば、これらの批判が結果としては、いずれも自国の科学技術の欠点を改善しようという国民的なコンセンサスを生み、自助努力の結集を容易にした。その結果、二一世紀に入ると、ノーベル賞受賞者数が米国に次いで多い国になり、オリジナリティをもつプロダクトの方も豊富になり、劣等感も解消した。

なかんずく、オートファジーは、iPS細胞と並んで、二一世紀に発展が期待される〝お家芸〟となる可能性もあり、生命科学分野において確固たる地位を築いた。その影響は、上述のとおり「オートファジー思想」（あるいはオートファジー思考やモデル）として、いずれ生存科学や本章のテーマである「倫理」の分野にまで波及するに違いない。

4 オートファジー思想へパラダイム・シフトする二一世紀

日本人のノーベル賞受賞は、二〇〇〇年以降では合計一七人目、二〇一四年からは三年連続である。さらに、二〇一六年の受賞者・大隅良典東京工業大学栄誉教授は、日本人で湯川、利根川に続く三人目の単独受賞である点も注目に値する。二〇一六年度ノーベル生理学・医学賞として、オートファジーの発見へ単独授与された結果、二一世紀が地動説や進化論に匹敵するような、新しいオートファジーに基づくパラダイム・シフトの世紀になるのではないかとさえ考えられ始めている。

オートファジーは、原則としてランダムに細胞質タンパク質を分解する。このランダム性は、一九世紀の物理学までは観測誤差としてネグレクトされて、理論体系が構成されていた。量子物理学の二〇世紀を迎えて、人類はそのランダム性（量子ゆらぎ）を本格的に取り扱う確率論的なアプローチを会得して、決定的な飛躍に成功を収め、広大な量子宇宙への進出に成功する。例えば、トンネル効果（江崎ダイオード、一九七三年ノーベル賞受賞）は、量子仮説の正当性の〝受け入れ〟である。つまり、正当な観測値としては認めず、誤りとして廃棄されていた部分の再利用（リサイクル）あるいは再生（リバイバル）であり、場合によってはリハビリテーションまで重視した治療への大転換であるとみなすこともできる。

さらにここで、発達心理学者マイケル・トマセロの一連の幼児協調性実験からの示唆に富む「ヒトの特性」について付言し、最近の経営学などの動向（本章の冒頭で述べた岩井克人提言など）との関連性を指摘し、重ねて注意を促したい。

ヒトの社会構造は、この五〇〇万年で様変わりしたのに比べて、チンパンジーの社会構造は、ヒトと共通祖先の構造からあまり変わらなかったと、ニコラス・ウェイド（イギリス生まれの科学ジャーナリスト、ケンブリッジ大学卒。雑誌『ネイチャー』〔*Nature*〕などの記者）は指摘している。例えば、ヒトの一夫一妻制の成立も、遺伝的基盤があったと考えられると同時に、社会的行動が環境の変化からも影響されると考えられている。長年にわたって、霊長類の安住の地だった森を離れて、地上に降り立ったヒトには、より豊かなチャンスと、同じくらいの危険が待ち受けていた。この環境変化がそれ以前から存続していた類人猿の社会行動スタンダード、とくに個人間の協調性に対して徹底的な変革を要求したのではないかと解釈できる。チンパンジーの場合、例外的な協調以外ほとんど助け合う本能はないに等しい。母親ですら、通常は子どもたちと食料を分け合おうとしない。分ける場合でも、子どもには皮や殻などしか与えない。つまり、チンパンジーには自発的に食料を分け合う習慣がなく、他のチンパンジーに対する利他的な感情は欠落しており、実に利己的であることが実験によって観察されている。

対照的にヒトの子どもは生まれつき協調的である。生後一八カ月の幼児を使った、トマセロの協調性実験でも、大人（血縁がない）が、両手がふさがった状態でドアを開けようとしているのを見ると、ほとんどの場合すぐに手伝おうとする。大人が物をなくしたフリをすると、生後一二カ月の子どもたちが助け舟を出すように、その在りかを指差すという。援助、情報提供、共有の衝動は、幼い子どもに「自然と現れる」とトマセロは報告している。つまり、生得的で、教育の賜物ではない点が注目される。また、これらの反応が現れるタイミングがかなり幼い時期で、両親がほとんどまだ社会的な振る舞いを教えていない時期であり、さらに報酬を与えても子どもの援助行動が増えないなど、類人猿と比較すると、子どもの社会的知性が一般的な認知能力より早く発達するという特徴がある。また、トマセロが二歳半の人間の子どもとチンパンジーの子どもに対して、物理的世界と社会の理解を対比した一連のテストをした結果、二歳半の人間の子どもたちは、物理的世界のテストではチンパンジー並みであったが、社会の理解についてはチンパンジーよりもはるかに優れていた。

二一世紀のオートファジー思考からすれば、トマセロ報告は最近のゲノム科学ベースのアプローチと符合するところが多く、説得力に富み、オートファジー(とくにノーベル賞受賞後は)が地動説や進化論並みの社会的影響力を及ぼし始めている例ではないかとも考えられる。米科学誌『サイエンス』(*Science*)が、二〇一六年の優れた研究業績一〇件を、「今年のブレイクスルー」と命名して選び出し、二〇一六年年末に発表したが、その中に日本の研究者が関わった二件の研究成果が三年ぶりに登場した。その一つは、チンパンジーなどの類人猿にも、他者の心を読み取る認知能力が存在するという狩野文浩(京都大学特定助教)らの業績であり、高い認知機能はヒトだけにしかないという従来の定説を覆し、心理学や進化学の領域へ大きな影響を及ぼし始めた。したがって、オートファジー思考の適用領域は、今後さらに拡大していくと予想される。

5 オートファジーとADSとの関係——基礎と応用をつなぐソーシャル・ブレインズ

ADS(Autonomous Decentralized System の略称、日本語訳は自律分散システム)は、日本国内においては多くの鉄道車両用交通制御システムにおいて、かなり以前から実用化され普及している代表的な社会インフラストラクチャー・システムの一つであり、二〇一五年四月には、ＩＥＥの社会インフラストラクチャー・イノベーション賞が、筆者を含む三人の日本人に、上記のＡＤＳの実用化への貢献に対して授賞された。ＡＤＳの基本概念は、自然界における生物機能のシミュレーションとして発想されたものであり、その出自において、オートファジーとは直接関係はない。しかし、両者を比較すると予想外のつながりがあり、システムの基本思想の中に共通する構造が発見できる。オートファジーの場合、飢餓がトリガーになって発動されるが、ＡＤＳでは広域に分散して発生する故障や災害がトリガーである。これらにフレキシブルに適応するシステムには、分散データベースと広域通信プロトコールが必要であり、その結果、集中型システムで発生するネットワーク全体の停止を回避することが可能になった。ＡＤＳは最初一九八二年神戸市営地下鉄システム向けに採用されて以来、全国へ普及している。要するに、真核生物で飢餓へ対応して、オートファジーが稼働しているのが生命現象の主力であるごとく、ＡＤＳこそが、実動する地下鉄機能保持能力の主力なのである。もちろん、ＡＤＳの操業には多数の作業員の存在が不可欠であり、多くの脳活動がソーシャル・ブレインズとして協力する熟練者集団を育成し保持しなければならない。

一連の実験的研究を行い、トマセロはヒトとチンパンジーの乳幼児を比較して、チンパンジーに欠けている特質があるとの結論に達した。それほ、「志向性共有」すなわち他人の知識や考えを類推できる脳機能いわゆる「心の理論」に基づいて形成された、共通目的に向かって「われわれと言い合える集団の一員」として積極的な努力を惜しまない習性をもつことにほかならない。志向性共有のほかにも、われわれの集団内で合意形成された規範や規則への遵守とか、同盟関係の形成などがある。われわれの集団を構成するメンバーへの信頼感の裏返しが、見知らぬ者への不信感となり、敵を殺す行動になる場合がある。この両面性は、遺伝子レベルでも問題になる。

そもそも、ヒトのソーシャル・ブレインズが生み出す社会性が生得的であり、進化を遂げてきたと考えられるので、その証拠がゲノムに求められるのは自然のなりゆきである。また、神経ホルモン例えばオキシトシンは脳の視床下部で合成され体中に放出され、信頼のホルモンとも呼ばれている。女性の出産・授乳時が典型的であるが脳内で作用する場合、社会的結束に中心的役割を果たしていると考えられており、進化の過程で取り入れてきたと想定されている。よそ者に対する不信感を弱め連帯感を強める、いわば親和・協調ホルモンとみなされている。要するに、集団行動とゲノム科学が結合してADSが実用化していると解釈できる。

6 生命活動の中心としてのオートファジー——「隠然たる存在」が創造するパラダイム

一九六三年のデューブの提唱まで人類は、長らく医学史の中で、なぜオートファジーに気づかなかったのか。それは、個体が物質代謝を行う際、体内外への物質の出入のみに注意を集中しすぎたためではあるまいか。つまり、〝体内にとどまり続けたまま〟代謝活動が続けられた部分が軽視されてしまったからである。しかも、その軽視された方が量的にも、〝格段に多かったのにかかわらず〟である。そして、化学的には物質の合成反応が重視され分解反応が軽視されてきた傾向があった。成人の食事や排泄分のタンパク質の質量は約七〇グラム／日に対して、体内の分解反応分は約二〇〇グラム／日程度と見積もられており、約三倍の圧倒的な開きがある。つまり、見逃されていた分は、量的にみれば完全に主流であり、いわば「隠然たる存在」であった。その存在が明確なダメ押し的データによって、動かし難い証拠をともなって捉えられたのは、オートファジーを支配する遺伝子（ゲノム）の決定が大隅良典教授の研究によってできたからであった。少なくとも、最近は最も強力な生物学的証拠として有力なのはゲノムのデータにほかならない。

さらなるジャンプは、オートファジー遺伝子が酵母のみならず哺乳類や植物、さらには真核生物のすべてに備わっていることがわかった時である。一方、原核生物にはオートファジー遺伝子も、オートファジーのメカニズムそのものも存在しない。その結果、オートファジーは生物進化の系統樹の中で、より進化が先行している先方へ明確に位置づけられ生命科学全般の中でも、極めて重要であることが証明されるに至ったのである。したがって、今やオートファジー思想には確固たる科学的基礎が（ノーベル賞受賞も追い風となって）付与され、社会全般からもサポートの気運が強い。したがって、その時流に沿った、幅広い応用いわばオートファジー思想指向型のパラダイム創造が期待できるはずである。

そもそも人類が他の生物と同様に、飢餓に瀕する確率が高いという将来予測のもとにそれに適応するべく進化を重ねてきたとすれば、先進国における現状は、予測とはあまりにもかけ離れている。つまり、過食に陥っているのである。この飢餓から過食への大きなギャップに直面した人類にとって、オートファジーの存在証明から与えられた衝撃は、頂門の一針であり、パラダイム転換への跳躍台が準備完了の告知だったのかもしれない。

オートファジーが細胞内のゴミや壊れた切片を掃除する場合、神経細胞のように長寿の細胞では、むしろ飢餓でない時（過食も含めて）処理必要量が増加して深刻な事態に陥る方が重大問題である。たとえば高齢者のアルツハイマー病やパーキンソン病などの神経変性疾患で、オートファジー処理能力不足が病気の悪化を招いている。脳神経系が重要な役割を果たす情報社会になればますます影響は大きくなる。このような飢餓以外でのオートファジーの社会的影響は、二一世紀には一層高まると予想される。神経系の細胞内のクリーンさの保持を担うオートファジーは、情報社会のインフラストラクチャーとして軽視できない存在になるに違いない。

7　オートファジー思想が拓く新しい二一世紀の生存倫理への道筋

二一世紀の技術文明は、オートファジー思想の影響を色濃く反映する、新しい倫理観の創出にまで及ぶのではなかろうか。もちろん、二〇世紀以前の過去からの伝統的倫理観も全部消えるわけではないが、二一世紀の中心になって現実の社会をリードするソーシャル・キャピタルと共生して、シナジー効果を発揮できる倫理観は、このオートファジー思想からの影響を強く受けていくと予想される。少なくとも、オートファジー思想の影響をまったく除外した未来予測に対しては、もはや二一世紀にはほとんど関心度がなくなるであろう。

以下本章では、オートファジー思想のもとで、生存倫理が新設されていく場合の道筋について考察を進めたい。一般論として、倫理問題の内容詳細については、最近出版された定評のある著作などを参考にされたい（例えば、大黒岳彦著『情報社会の〈哲学〉』二〇一六年発行、とくに〝情報社会での倫理問題〟に詳しく、二三九～三〇四頁までを当てて詳述）。

オートファジーのような物質面からのアプローチとは別に、二一世紀の指導理念として、「分散と共有（decentralized and sharing）」は看過できない。例えば、今や産業界が共通の目標として焦点を絞っているIoT（Internet of Things）というテーマにしても、T（Things の頭文字）

は元来空間的に分散して〝存在しているもの〟であり、Iは万人が共有するインターネットを意味しており、要するに分散と共有が原理的な骨格である。また、分散においても、空間的位置が固定されている場合のみならず、いわゆるモバイル状態にまで拡大した場合（例えば動物などの生命体まで含めて）が、極めて重要な意味をもつことは明らかである。さらに、共有という観点からも、在来の自家用乗用車のようなオーナーが専有し、排他的な使い方をするのではなく、ライドをシェアするシステムが最近急速に台頭しており、いわゆるシェアリング・エコノミーが注目される時代を迎えている。この変化は、上記のオートファジー思想のような時代の底流の歴史的変化とシンクロナイズしていると考えると納得しやすい。共有に関連して、生物学の歴史上で、ぜひ例示したいのがミトコンドリア細胞内共生である。何十億年も前にその共生が成功した結果、真核生物への一大進化が引き起こされたことが過去約半世紀ほどの研究で明らかになってきた。従来の「生物進化の系統樹」とは、種が突然変異で進化を起動し、分岐を重ねていくこと、つまり樹枝状のいわゆる〝系統樹〟が形成されるという「自然」に対する原理的理解すなわち「自然観」を可視化した結果にほかならない。突然変異の発生自体は偶発的であり、その中で最も環境によく適応できた突然変異の種のみが選別（自然淘汰）され、生き残ってきたというシナリオがダーウィンの『種の起源』以来、広く容認され定着してきた。そのような定説への反論が出されたのが二〇世紀初頭（一九〇五年、メレシコフスキーが系統樹の中に分岐以外の融合・合流を導入し、ハーヴェイの血液循環モデル同様な分岐と合流を含む系統樹になった）である。要するに、ダーウィン・シナリオに「共生」は欠如していた。オートファジー思想は、共生による進化を一段と強力に支援する二一世紀の自然観の嚆矢にほかならない。

そもそも「自食作用（オートファジー）」は、「食」という行為の主体と客体が通常の定義から逸脱して、一見矛盾した逆転状態を経由すれば、生み出されてくるメリットは、「生存」にとって大きな貢献になるという目から鱗（うろこ）の指摘であり、最終決算ではリサイクルによる利得が生じる。これは、量子力学における論理展開に似た感じもするが、少なくとも実験的に検証されており、実利（エネルギー的にも、情報量的にも）がもたらされる。二〇世紀の量子宇宙開拓を体験してきた二一世紀社会の人びとにとっては、むしろ容認しやすい条件だとも考えられる。

8　おわりに――〝血液の循環ハーヴェイからオートファジー思想へ〟

一九五七年頃、東京大学工学系大学院機械工学専門課程に在学していた筆者は、すでに医学部も卒業して医師資格も取得し工学部へ学士入学しており、いわゆるマルチメイジャー育成のコースを進みつつあった。当時、東大病院外科で最先端の人工心臓の研究に励んでいた親友（医学部同級生）とともに、深夜まで動物実験をしているときに学んだのが、静脈還流血流量（venous return、以下略称ＶＲＮ）の重要性であった。要するに、人工心臓から送出する血流量よりも、生体から人工心臓へ戻ってくる血流量、つまりＶＲＮが、決定的な生体反応データであった。血液の循環（circulation、サイクル）を維持するのは、実験動物がＶＲＮを送り返してくれる生命力の存在のいかんにかかっている。人工心臓にいかに送出余力があっても、閉じたサイクルを形成する以上、ＶＲＮを超える血流量は供給できない。ＶＲＮは、一見受け身な副次的存在に見えるが、実は血液循環全体の永続的な〝サイクルとしての活動〟を実質的に左右している存在であることを痛感させられた。この人工心臓実験におけるＶＲＮの体験が、「オートファジーのリサイクル活動」が生物個体の長時間の生命維持に対して、人工心臓のＶＲＮと同様に決定的な影響力をもつことを容易に直観させてくれた。このような根本的な考え方、いわばオートファジー思想（あるいは思考、モデルなど）こそが、自然界全体に共通する原理であり、特筆に値すると考えられる。

一六二八年、イギリスの医師ウィリアム・ハーヴェイは『心臓と血液の運動について』（*De Motu Cordis et Sanguinis*）と題した七二頁の歴史的冊子をオランダで出版し、近代生理学の基礎を築いた。オートファジー思想は、極言すれば、ハーヴェイ以来の衝撃波を二一世紀の日本から世界へ発信しているのかもしれない。

常識的なサイクル（二次元平面上の円運動、サークル）の概念に加え、それを三次元へ拡張して、球面の場合を考えれば、次のような応用がある。たとえば、全天周カメラでの撮影もようやく一般のユーザーにまで普及してきたが、この場合でも、オートファジー思想の三次元版つまり立体図形として閉じた球面上で、血液循環の場合と同様なVRN的メカニズムが発生する。つまり、一般のユーザーが、全天周カメラの利用体験を通じて日常生活でオートファジー思想に接している時代である。したがって、二一世紀技術文明の中核マルチメイジャー人材の育成に、オートファジー思想の原理習得は不可欠ではあるまいかと愚考する次第である。

第12章　「経験知」を疑え

――仮想通貨にみるコペルニクス的転換

1　はじめに――「情報進化」するヒト

国立青少年教育振興機構（東京）が二〇一四年度、日米中韓四カ国の高校生を対象に実施した調査では、ＳＮＳを利用する高校生の割合は、日本が八二・九パーセント（％）で最高であり、中国の七二・七％、米国の六八％、韓国の六五％の順であった。調査では、インターネットの使用目的も尋ねており、日本の場合は「音楽を聴く」（五五・八％）や「動画を見る」（五〇・五％）などが多かったが、「ニュースを見る」（一四・九％）は米国（六・八％）に次いで低かった。

調査時点（二〇一四年）から三年以上も経っている今日、日本の高校生はほとんど全員がＳＮＳを利用していると考えられる。トランプ大統領が盛んに発信するツイッター（Twitter）が話題をにぎわせている状況下では、使用目的も音楽や動画などにとどまらず、ニュースを見る方へかなり移行しているとも考えられる。

要するに、最近のメディアの影響力を考える場合は、すでにＳＮＳが除外できない存在になっているばかりではなく、この傾向は将来さらに強まり、いずれは二〇世紀までの新聞やテレビのシェアを抑えて、トップランクになると予想される。つまり、情報技術革新の観点からすれば、二一世紀に人類は未曾有の大変革に遭遇することが確実であり、いわば「情報進化」とでも呼べるほどの決定的な自己変革が不可避ではあるまいか。すなわち、「二〇世紀の情報化」とは比較にならないほどの強力なパラダイム変化が起こるのではなかろうか。したがって、〝ホモ・サピエンス・インフォマティカ〟への「仮想進化」とでも表現する方がスッキリするかもしれない。

2　金融工学（とくにビットコインに代表される）のブロックチェーン応用分野

最近は「仮想通貨」を始めとして、仮想現実（ＶＲ、Virtual Reality）の「ＶＲ元年」という言葉が飛び交うほど、二一世紀技術文明を特徴づけるキーワードとして話題をさらう時代を迎えつつある。例えば、上海発の国際金融市場関連のニュース記事として、二〇一六年一〇月中国の通貨「元」が、国際通貨基金（ＩＭＦ）の仮想通貨「特別引き出し権（ＳＤＲ）」に組み込まれたが、期待どおりの評価はあがらず、習近平指導部がめざした「元の国際化」戦略に急ブレーキがかかった格好だとの新聞報道がなされている。つまり、この場合にはSDRを仮想通貨の一実例として引き合いに出して記事にしているわけである。すなわち、VR元年以降は、「仮想通貨」という用語が、完全に普通名詞化して現実に新聞紙上でも使われていく普及の証拠とみなすことができる。

仮想通貨の実例としては、SDRのほかに、現在最も注目を浴びている代表的な実用例は、「ビットコイン」である。SDRはすでに二〇世紀から存在したが、ビットコインは二〇〇八年のナカモト論文に基づいた「ブロックチェーン」技術を活用した、二一世紀の金融工学（フィンテック）の本格的な所産であり、上述の全員SNSを使う二一世紀社会ならではの、もちろん未踏の活動分野が登場したのである。文字どおり二一世紀開幕にともなって「仮想進化」を果たした人類「ホモ・サピエンス・インフォマティカ」が、具体的にIoT（Internet of Things）・AI産業革命に成功するためには、まず金融インフラ構築への挑戦が不可欠であり、現在その実情観察のチャンスに恵まれたわけである。

二〇一六年、資金決済法が改正され、通貨とは認定されなかったが、資産や決済手段の一つとしては公認され、二一世紀の仮想進化済みの個人たちにとっては、たちまちビットコインへの関心が高まった。まず何よりも、二一世紀の人びとにとっては、簡単に安いコストで安全に直接相手に送金ができることが最大のメリットである。ビットコイン取引は金融機関を経由しない相手との直接取引なので、海外への少額の送金でも手数料は少なくて済み、匿名性も保たれる。

しかし、匿名性のメリットは、同時にマネーロンダリングの危険性もはらんでいる。また、投機的な側面がクローズアップする場合もある。円で表示されるビットコイン相場が、二〇一七年は大きく上昇している。同じ期間に円安が進み、外貨の魅力が増大したが、ビットコインの上昇はそれを大きく上回っている。その背景の一つとして指摘されるのが中国の動きである。経済の低迷に加えて、政府が汚職追放を進めているため、資金の海外流出の動きが続いているといわれており、その一つの手段としてビットコインが使われている疑いがある。ちなみに、ロイター通信によると、国際金融協会（ＩＩＦ）の調べでは、中国からの資本純流出が二〇一六年通年で七二五〇億ドル（約八二兆円）と前年を約五〇〇〇億ドル上回って過去最高を記録したという。中国経済の鈍化懸念による資本逃避に加えて、対中進出した米国企業なども利益の本国送金を増やしている。ＩＩＦは、トランプ政権が保護主義的な対中政策を強めれば、中国からの資本の流出が一段と加速する恐れがあると指摘していた。いまだ、ビットコインの利用者数が少ないために価格の変動が大きく、不安定で買値と売値の差額が大きい場合も少なくない。電子商取引（ｅコマース）などの決済手段として、長期的には価値保存機能があるので、普及する可能性はある。以上のような中国の実際の動向をビットコインの価格変動等を継続的に観察することによって、リアルタイムで中国経済の動きをトレースできるはずである。

インターネット上の仮想通貨の代表格であるビットコインの場合について見ても、新聞紙面（例えば『読売新聞』二〇一七年二月二六日付朝刊、第四面掲載）などにも報道されているとおり、ビットコインの価値は、需要の変動に応じて分秒のたゆみもなく、変化し続けている一方、米ドルや円という国際通貨への換金も可能であり、送金の手数料も安いという実態が存在している。そもそも最近まで、ビットコインの全世界での取引量の九割を、中国が占めているとみなされていた。したがって当然、中国経済環境からの圧倒的影響が、その取引量や値動きに表れざるをえない。当時、日本国内には、五〇万人程度のビットコイン利用者がいるとみなされていたが、二〇一七年七月から購入時の消費税支払いがなくなるので、利用者の増加が見込まれていた。日本へビットコイン相場の情報は、確実に伝えられてきていたわけである。中国経済の動向が、ほとんど間断なくリアルタイムで情報的には影響を及ぼしてきていたと考えられる。二〇一七年九月に中国政府が、国内の仮想通貨取引所を実質的に強制閉鎖し、九割あったシェアは、ほぼゼロに落ちてしまい、代わって日本円取引のシェアは四二％と首位になっている。米ドルは三六％である。

二〇一七年、トランプ米大統領就任後、一段と仮想通貨への関心は高まり、経済新聞にとどまらず、一般有力新聞にまで頻繁に仮想通貨の記事が紙面をにぎわせるようになり始めた。各国の中央銀行によって集中的に管理されている、いわゆる国際通貨と並んで、分散型管理（例えばブロックチェーン技術利用）の仮想通貨が共生する時代へと、この二一世紀には移行するものと考えられる。それは、新しいリスクと困惑の発生でもあると同時に、チャンスとフロンティア開放が、パラレルリアリティとして現実に存在しており、共生していることを意味している。原理的には、ある通貨が為替取引で安値の相場になったならば、投資マネーが有利な仮想通貨へと流出・逃避する現象が起こったとしても不思議ではない。その結果、通貨安がさらに深刻化する悪循環が予想され、それを防ぐ対策が、中央銀行（通貨発行の集中管理当局）などによって採られる場合も出てくる。いずれにせよ、法律改正が行われた今となっては、仮想通貨を除外した二一世紀経済の活動計画は非現実的である。二〇一七年は、VR元年といわれた二〇一六年に続く第二年目であり、仮想通貨とのパラレルリアリティ発想が基本概念として定着するに違いない。

人びとはスマートフォン（スマホと略す）の端末でリアルタイムに見ることが可能であり、それにすばやく反応するのは、証券会社の店頭ではなく、今や「Pokémon GO」の場合と同様なモバイル状態で、スマホを操作することで対応できるのである。このような店頭型から、モバイル型へのシフトは、「二一世紀の時間」が、〝かたまりの時間〟から〝すきまの時間〟へと質的変化を起こしたこと、つまり時間の革命を意味している。

3 ブロックチェーンの技術・基礎理論から浮き彫りになる産業構造の変革

世界経済フォーラム（ダボス会議）の創設者クラウス・シュワブは、過去四〇年間にわたる、グローバルエリートたちのディスカッションの観察の結果から、二一世紀のメガトレンドとして、いわゆる第四次産業革命の到来を予測するに至った。そもそも、その革命を推し進める原動力は、地球上の数十億人が相互にモバイル機器で接続可能になり、情報や知識の処理能力と保存容量やアクセス可能性が爆発的に増加しつつあることから生まれてくる。その結果、第四次産業革命には当然、ＩｏＴやＡＩなどの情報関連技術の革新が不可欠である。さらに、前節で述べたビットコインの基礎技術「ブロックチェーン」にしても、第四次産業革命をまかなうファイナンス問題解決という歴史的使命が期待されており、シュワブが二一世紀の夢として描き出した第四次産業革命を実現する新しい産業構造と、それをしっかりと支える数多の新発明がひしめく時代に突入しているのである。

一般に、技術的探求面と基礎理論面との関係は、仮説と実在の関係に換言できる。ハーヴェイの血液循環の原理も、ボルツマンの気体分子運動論も、極めて有効な作業仮説としては論文発表当初から高く評価されていたが、毛細血管や分子の実在という決定的な証明ができなかったが故に、厳格な専門家たちの間での根強い懐疑論を消すことができず、ハーヴェイもボルツマンも失意の中に死を迎え、死後ようやく最大級の賞賛を得るという悲劇に見舞われている。現在、日本政府は法律を改正してまで、仮想通貨の実用化を推進しようとしているが、それはあくまで技術面における有用性が決定的であり、グローバルな企業間競争が厳しい現実への臨機応変の技術的方策であって、実存論としての基礎理論を踏まえた戦略的探究には役立たない。例えば、ケプラーからガリレオへの地動説の発展の場合には、あやふやな肉眼観測から望遠鏡利用へという、当時の天文学上の最大級の技術革新が、地動説への評価を飛躍的に高め、ついに大航海時代に至る巨大なホモ・モーベンス（動民。一九六九年、黒川紀章の造語）の潜在エネルギーを生み出し、人類史を揺るがす、地球を包み込む大戦略が登場した。二一世紀には、第四次産業革命にも同様な使命が期待されている。

4　おわりに——仮説から実在へのたゆまぬ「革新」

二一世紀に住むわれわれにとって、日常的に地球儀はほとんど気にもとめない存在になっているが、改めてその人類史上の存在意義と誕生の経緯を回顧すれば、天動説から地動説へのコペルニクス的転換という革新的新学説（大胆な仮説）が、ケプラーやガリレオらの天体観測のデータによって、まがうことなき、実在する宇宙として、〝仮説と実在〟の関係の中で完璧に立証できたのが決定的動機であった。この確固たる信念に基づいて、地球儀や世界地図が作成され、地中海などの沿岸航海時代から、大西洋・インド洋・太平洋など外洋中心の大航海時代へと探検が敢行されていった。人類は、この交通空間の拡大にともなって、宗教革命、科学革命、産業革命と自己改革を続けていくことになるが、二〇世紀に至って人類が、自らの活動空間を地球表面から、さらに宇宙航空空間へ画期的な拡大に成功するとともに、ミクロの面でも量子物理学の発展によって物質構造や化学反応までカバーできる量子宇宙観へと知識の拡大が可能になった。また、情報の通信と処理においても、いわゆる情報通信革命が軌道に乗った。さらに、生物や進化、脳などを対象とする生命科学も、ＤＮＡの分子構造発見（一九五三年）を契機として急速に進歩を始めており、例えばゲノム編集の発見のような、二一世紀の主役になるのが確実なブレイクスルーもある。また、これらの二〇世紀の瞠目すべき成果は、自然科学以外の領域でも、二一世紀には確実に知的活動全般にまで波及し、その影響が顕在化するに違いない。

最終章として、二一世紀の本質的な構造変化と、その未来展望を述べて締めくくりとしたい。
半導体集積回路（略称ＩＣ）こそ二〇世紀末の四半世紀に起こった、空前の技術革新であった。その本質は、極端な小型化つまりスーパー・ダウンサイジングにほかならない。顕微鏡どころか電子顕微鏡で観察できる世界、すなわちマイクロメーター（一〇〇〇分の一ミリメーター、別称ミクロンで、従来の工作機械の精度）の、さらにその一〇〇〇分の一を意味しているナノメーター（一〇のマイナス九乗メーター、ほぼ原子の大きさ）の世界に通用する技術への飛躍的進歩にほからない。

二一世紀の〝産業のコメ〟ともいわれて、人工知能（ＡＩ）などに必要不可欠な代表的部品であるＩＣは、今や第四次産業革命を迎えつつある二一世紀にとって、実用面の決定的な飛躍を、二〇〇七年にもたらした。アップル社のスティーブ・ジョブズが提供した、ｉＰｈｏｎｅの出現

である。瞬くうちに全世界中へ爆発的に普及し、今や人類は、iPhoneに代表されるスマートフォン（略称スマホ）を、片時も手放せなくなってしまった。それは、あたかも人類が衣服をまとうようになった〝着衣革命〟にも似ている。スマホの普及は、二〇〇六年のクラウド・コンピューティング（グーグル社のエリック・シュミットの発言）の実現と表裏一体である。人類は、過去一〇年で、まったく新しいライフスタイルを始めたのである。この人類史的な意味をもつ二一世紀の擬似的進化とでもいうべき驚異的変革の結果、ほとんどすべての人びとが、「スマホ人類社会」へ突入した二〇一八年現在、それに対応する未来社会構造の展望が求められている。宇宙観が古典力学ベースから量子力学ベースへ変わり、「量子宇宙観」へのパラダイム・チェンジが、二一世紀には、人類を量子宇宙観に基づく新しい技術文明へ移行させるはずである。

今日、ＡＩ、ＩｏＴ（Internet of Things）、ＶＲ／ＡＲなど、さまざまなテクノロジーが加速度的な進歩を遂げながら普及しており、競争環境は変わり続けている。例えば、急速な経済分野への広汎な波及効果の一つとして、ついには新しい通貨形態（例えば仮想通貨）までが試行錯誤される流れである。スマホ人類社会において、通貨だけが、量子宇宙観以前の古典宇宙観時代のままで、影響を受けないとはむしろ考えにくい。

二一世紀の量子宇宙観にしても、科学領域だけにとどまらず、社会全体に浸透していく。量子力学は相対論と並んで、二〇世紀を代表する物理学領域での革命的二大理論体系であった。したがって量子宇宙観は極めて説得力が大きかったが、二一世紀初頭に生物学領域でヒトゲノム計画の成功によって飛躍的進歩を遂げたのがＤＮＡ解読技術であり、二一世紀は量子宇宙観に、ゲノム世界観を加える必要がある。しかし、ゲノムという用語には、そもそも天文学的な背景は乏しく、通常地球上に限られると考えられていた。だが、近年「スーパーアース」という、生物が生息できる（habitable）地球以外の天体の存在（何光年という遠隔だけではなく、太陽系内の惑星、例えば土星や冥王星の衛星など）が確実視されてきた。したがって宇宙という語と結びつけた「ゲノム宇宙」を探るべきであり、さらに宇宙自体も単一でなく多数存在し、次元も三次元以上ある、「多元宇宙かつ多次元宇宙」が考えられ、暗黒物質や暗黒エネルギーが大きな構成比率を占めるという最近の知識などをすべて取り入れた「二一世紀宇宙観」を採るべきである。二一世紀中葉には、この新しい未来宇宙観が本格的にスマホ人類社会に影響を与え始めると予想される。二〇二〇年代になれば、ゲノム編集技術の普及などを皮切りに、実用面にも強力な新技術群の成果、いわゆる第四次産業革命の成果が鮮明になってくるであろう。

要するに、二一世紀未来宇宙観に起因する多種多様な「活力」が次々に誕生し、着実に根づき始め、その新活力の増大を背景とした、二一世紀の未来ビジョンが描かれる時代を迎えているのである。

初出一覧

序　章　書き下ろし

第1章　【特集　共生】21世紀科学技術における新しい「共生」。『生存科学』Vol.25-2：3-12頁、2015年

第2章　【特集　ケア】21世紀技術革命と「ケア」の拡がり。『生存科学』Vol.26-1：13-20頁、2015年

第3章　【特集　デザイン力】デザイン力向上への情報技術革新の影響。『生存科学』Vol.24 A：1-8頁、2013年

第4章　【特集　ウェルビーイング】ウェルビーイングへ回頭する技術文明。『生存科学』Vol.23 A：1-10頁、2012年

第5章　【特集　病むということ】「病むということ」への東日本大震災と情報技術の影響。『生存科学』Vol.22 A：1-17頁、2011年

第6章　書き下ろし

第7章　書き下ろし

第8章　【特集「あそぶ、あそばせる」】老化と「遊び」。『生存科学』Vol.25-1：3-15頁、2014年

第9章　【特集　ソーシャル・キャピタル】ソーシャル・キャピタルの活用分野とその影響。『生存科学』Vol.26-2：3-19頁、2016年

第10章　【論文】生存のための科学的基礎―21世紀の経済とゲノムなどの変化。『生存科学』Vol.27-1：67-78頁、2016年

第11章　【特集　生存倫理】21世紀技術文明と生存倫理。『生存科学』Vol.27-2：3-10頁、2017年

第12章　書き下ろし

終　章　書き下ろし

「生存科学叢書」刊行にあたって

公益財団法人 生存科学研究所は故武見太郎の理念である「生存の理法」をモットーとして、人類の生存の形態ならびに機能に関する総合的実践的研究によって人類の健康と福祉に寄与すべく設立されました。そこでは、生命科学、医学・医療、看護学など医科学、哲学、倫理学、宗教学、史学、文学、芸術など人文学、法学、社会学、経済学など社会科学、生態学、環境科学など自然科学、それら諸科学の学際的な討論によって人間科学を新たに構築し、総合的な生存モデルの確立を図ることを目的としています。

生存科学研究所はその先端的かつ基本的研究活動と成果を広く他学問領域と共有し、また一般社会にもその理念と活動を啓発すべく、学術機関誌「生存科学」を刊行してきました。多年にわたる研究成果と啓発活動により、日本学術会議協力学術研究団体に指定され、「生存科学」誌は時代と社会の課題を発掘、先導する学術誌として高い評価を得ています。本「生存科学叢書」は「生存科学」誌を中心に展開されてきた研究所の知的かつ実践的成果を広く社会に問いかけようとするものです。

人間、人類にとって望ましい生存様態をいかに構想し、実現していくか、人類の生存の場と質が根本から問い直されている現代にあって、生存科学は基礎人間科学として、時代の状況を切り拓く先端総合学として、ますますその理念の発揚が求められています。「生存科学」誌で研鑽され、蓄積された先鋭的問題意識と成果をベースに、本叢書は、さらに公益に資するべく視野を広げたテーマ、論考を地道にかつ実践的に問いかけていきます。今後引きつづき展開される総合人間学シリーズにご理解をいただくとともに、ご支援をお願いいたします。

2018 年 4 月

公益財団法人 生存科学研究所
〒 104-0061　東京都中央区銀座 4-5-1 聖書館ビル
http://seizon.umin.jp/index.html/

著者紹介

石井威望(いしい たけもち)
1930年大阪府生まれ。1954年東京大学医学部卒業、医師。1957年東京大学工学部機械工学科卒業後、通産省重工業局勤務を経て進学、東京大学大学院博士課程修了(工学博士)。東京大学工学部専任講師、同助教授を経て1973年東京大学工学部教授就任、東京女子医科大学客員教授を兼任。1991年定年退官後、慶應義塾大学環境情報学部教授就任。臨時教育審議会、国土審議会、郵政審議会、IT戦略会議、厚生科学審議会など多くの公職で会長・委員を歴任。現在、東京大学名誉教授。
主な著書に『複素数「解」の時代』(H&I)、『ｉバイオロジーからの発想』(PHP新書)などがあるほか、共著・編集・監修など多数。

生存科学叢書

シニア・マルチメイジャーのすすめ　21世紀(せいき) 高齢化(こうれいか)への知恵(ちえ)

2018年4月25日　第1版第1刷発行
著　者――――石井威望
発行者――――串崎　浩
発行所――――株式会社日本評論社
〒170-8474　東京都豊島区南大塚3-12-4
電話 03-3987-8621(販売)-8601(編集)
https://www.nippyo.co.jp/
振替 00100-3-16
印刷所――――平文社
製本所――――難波製本
装　幀――――銀山宏子

ISBN978-4-535-58718-2　Printed in Japan